Barthold Strätling

Streiten, teilen und vertragen

Kinder brauchen Kinder

SÜDWEST

Inhalt

Vorwort

Wie immer das Leben unserer Kinder morgen aussehen wird, eines ist mit Gewißheit vorauszusagen: Sie werden mit anderen Menschen zusammenleben, zusammenarbeiten und vieles gemeinsam tun müssen. Daß dem Kind dies gelingt, davon hängt nicht nur seine Stellung in der Gruppe und in der Gemeinschaft ab, sondern zu einem guten Teil auch sein persönliches Glück und Wohlergehen.

Aber der Mensch ist kein Rudeltier, das die Gesetze und Regeln seiner sozialen Ordnung sozusagen als festes Programm in sich trägt. Wie der Mensch mit dem Menschen umgeht, das muß, wie so vieles andere, gelernt werden. Anders als Mathematik jedoch wird soziales Verhalten nicht in erster Linie über den Kopf gelernt, sondern durch Beobachten, Nachahmen und Üben.

Dafür haben unsere Kinder heute nicht überall mehr die besten Voraussetzungen, weil ihnen häufig die gleichrangigen und gleichgewichtigen Partner fehlen. Wie sollen Kinder Streiten, Teilen und Vertragen lernen, wenn sie niemanden haben, mit dem sie es praktisch üben können? Und wie sollen Eltern das Vorbild sein, wenn sie selbst nicht richtig zu streiten gelernt haben und das Kind ihnen eher abschauen kann, wie es nicht gemacht werden sollte?

Das sind die Fragen, um die es in diesem Buch geht. Es zeigt, wie die Bedingungen für die Entwicklung des Sozialverhaltens aussehen, was man tun kann, diese Bedingungen zu verbessern. Wie man vor allem den Kindern den „sozialen Übungsraum" schafft, den sie in den Familien heute meistens nicht mehr ausreichend finden.

Dabei ist klar, daß es generelle Regelungen nicht geben kann, weil jedes Problem nur unter den Möglichkeiten und Bedingungen der beteiligten oder betroffenen Personen zu lösen ist. Dieses Buch möchte die Probleme und deren Hintergründe zeigen und den Eltern Mut machen, die für sie und ihre Kinder angemessenen Lösungen zu suchen und zu finden. Dazu bietet es auch eine Reihe von konkreten Anregungen.

Mit Ihrem Kind gemeinsam zu lernen, Konflikte zu erkennen und sie fair zu lösen, dazu wünsche ich Ihnen Mut und Glück.

Wie der Mensch mit dem Menschen umgeht, das müssen Kinder durch Beobachten, Nachahmen und Üben in einem langen Prozeß lernen.

Erfahrungen

Krieg im Kinderzimmer?

Wer im Kinderzimmer eine etwas größere Besetzung hat – sagen wir drei von fünf, drei und zwei Jahren –, sollte sich darauf einstellen, daß es dort öfter einmal Krieg gibt. Aber er wird bemerken, daß dieser Krieg nach bestimmten Regeln abläuft. Es ist nämlich ein Krieg mit ständig wechselnden Bundesgenossen und ständig wechselnden Gegnern an ständig wechselnden Fronten.
Erbfeindschaften sind Erfindungen der Erwachsenen oder das Ergebnis bestimmter Konstellationen. Unter mehreren Kindern kommen sie so gut wie nicht vor. Kinder pflegen von sich aus höchst selten länger anhaltende Feindschaften.
Bei ihnen gilt eher der Satz: „Was sich liebt, das neckt sich."

Wenn Kinder unter sich sind, streiten sie vor allem um das Spielen. Sei es wegen des Spielzeugs, das zwei gleichzeitig benutzen möchten, sei es, daß einer vom Spiel der anderen ausgeschlossen wird, wo er doch so gern mitmachen möchte.

Wenn er schon nicht dabei sein darf, drängt es ihn, wenigstens das Spiel zu stören und den anderen die Freude zu verderben.

Meistens verläuft der Streit nach diesem oder einem ähnlichen Ritual: Einer nimmt sich, um besser zu spielen, zuviel heraus, darüber kommen die anderen zu kurz.

Darauf schließen die Zukurzgekommenen sich zusammen und wehren sich. Und ein Zweijähriger und eine Dreijährige gemeinsam können auch einem Fünfjährigen schon ganz schön einheizen und ihm seine Grenzen zeigen.

Oder zwei haben gemeinsam ein Spiel vor, bei dem sie den Dritten nicht gebrauchen können, sei es, weil es eben ein Spiel zu zweit ist, sei es, daß der oder die Jüngste die Regeln noch nicht versteht, eben „noch zu klein" ist. Dann fühlt das Ausgeschlossene sich unglücklich und einsam. Und das ist gegen sein Bedürfnis nach Zugehörigkeit.

Also drängt es sich auf, stört es das Spiel der anderen und wird von diesen abgewehrt – oder schließlich doch einbezogen. Oder aber es wird abgelenkt, indem die größeren Kinder sein Interesse auf ein anderes Spiel oder eine andere Beschäftigung richten.

Daraus können Kinder einiges lernen und konkret erfahren:

- Sie streiten wegen des Spielens, aber solange sie streiten, spielt keiner. (Und so sind die Streitigkeiten der Kinder so unproduktiv wie die Kriege der Erwachsenen: der angerichtete Schaden ist allemal größer als der erstrebte Nutzen.)
- Es ist gut, wenn man einen Bundesgenossen findet, und dazu kann mal der und mal dieser dienen. Zu zweit kann man seine Rechte besser vertreten als allein – zumal wenn der Kontrahent der Größere oder Stärkere ist.
- Es gibt nicht die immer gute Schwester oder den immer bösen Bruder, und Streit hat meistens nicht mit „gut" oder „böse" zu tun, sondern kommt aus entgegengesetzten, miteinander nicht zu vereinbarenden – aber meistens durchaus berechtigten – Interessen.
- Es ist oft besser, einen Kompromiß zu schließen, als auf dem eigenen Standpunkt zu beharren, weil auch ein Teilerfolg mehr ist als eine Niederlage.
- Man darf die Feindschaft nicht zu weit treiben, denn bei nächster Gelegenheit ist man auf den Beistand des gegenwärtigen Gegners wieder angewiesen.
- Manchmal muß man auch akzeptieren, daß ein anderer eigenen Interessen nachgeht und sich deshalb nicht stören lassen will. Denn morgen schon kann man selbst der sein, der mal für sich bleiben möchte und erwartet, daß die anderen es zugestehen.

Wer nicht mitspielen darf, möchte wenigstens durch Stören zeigen, daß er auch noch da ist.

Daß Kinder dies lernen, heißt nicht, daß sie es auch aussprechen können. Auch wir Erwachsenen wissen ja nicht im einzelnen, welche Erfahrungen unser Verhalten anderen Menschen gegenüber bestimmen.

Was beim Streiten, Bundesgenossen suchen, Kompromisse schließen, beim Miteinander teilen und sich wieder vertragen geschieht, kann man Einübung in die Selbstregulierung sozialer Beziehungen nennen.

Das „Große" und das „Kleine"

Die Situation sieht gleich ganz anders aus, wenn eines der drei Kinder fehlt. Nehmen wir an, der Altersunterschied zwischen den zwei Kindern beträgt drei Jahre. Bevor es eigenständig Forderungen an das größere Kind richten kann, muß das „Kleine" wenigstens zwei Jahre alt werden. Dann ist das „Große" fünf und in der Lage, die Ansprüche abzuwehren. Oder wie man oft sagt: „Das größere Kind unterdrückt das kleinere."

Damit das nicht geschieht, mischt sich dann der Erwachsene ein, meistens die Mutter. Und Erwachsene scheinen oft auf dem Standpunkt zu stehen, daß das kleinere Kind, weil es kleiner und schwächer ist – und nebenbei: weil es die lautesten Stimmbänder hat – , auch das Kind ist, das Recht hat. Und so hört das Ältere dann Sätze wie: „Du bist doch schon groß." – „Der Klügere gibt nach!" – „Ach gib ihm endlich die Schaufel!"

Das „liebe" Kleine ist unschuldig

Das heißt: Damit das größere Kind nicht das kleinere unterdrückt, wird oft genug das Größere zugunsten des Kleineren vom Erwachsenen unterdrückt.
Wen wundert es dann aber, wenn das Erstgeborene sich durch den Nachkömmling nicht nur von Mutters Schoß verdrängt sieht, sondern auch den Eindruck gewinnt, diese ziehe den Kleinen oder die Kleine vor, sie liebe das jüngere Kind mehr.

Die Folge davon ist nur zu oft Eifersucht, die sich einmal in Aufdringlichkeit dem Erwachsenen gegenüber und zum anderen in offener oder – häufiger – versteckter Feindseligkeit dem Geschwisterchen gegenüber äußert.

Aber selbst dort, wo der Erwachsene sich bemüht, beide Kinder gerecht und fair zu behandeln und dafür sorgt, daß keiner zu kurz kommt, daß sie aufeinander Rücksicht nehmen und die gegenseitigen Ansprüche gelten lassen und respektieren, ist die Sache nicht unproblematisch.

Denn was von klein auf gelernt ist, ist später im Leben nur schwer zu verändern und zu korrigieren. Und im späteren Leben taucht oft als Schatten wieder auf, was früh erfahren wurde.

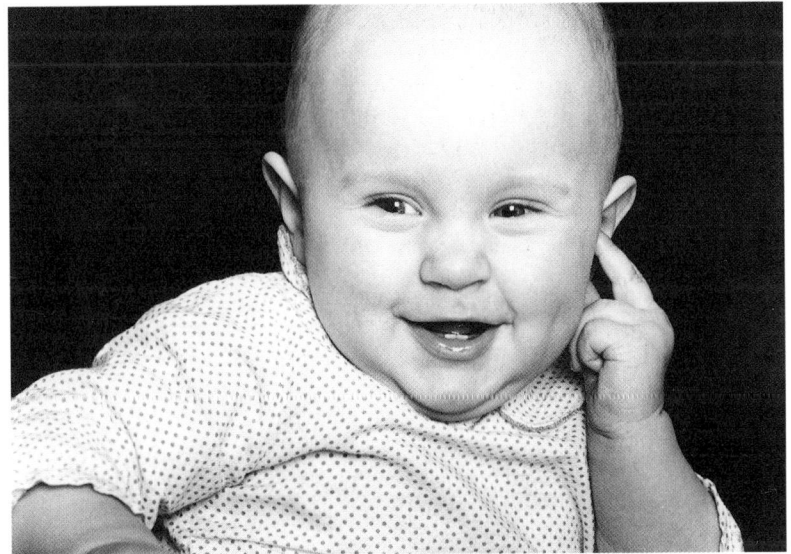

Weil das Kleine in den Augen der Mutter meist im Recht ist, wird das Größere zur Rechenschaft gezogen. Mit Gerechtigkeit hat das aber sehr oft nichts zu tun.

Das „böse" Große wird später nicht streiten können

Man stelle sich einmal vor, ein junger Mann, der als Kind beim Streiten mit seiner Schwester ständig die Mutter als Schiedsrichter hatte, heiratet eine Frau, die genauso aufgewachsen ist. „In dieser Ehe kann man den Eheberater als feste Größe von vornherein mit einplanen", sagt ein bekannter deutscher Berater, der die Erfahrung gemacht hat, daß in der frühen Kindheit erworbene Verhaltensweisen auch in die spätere Ehe hineinwirken und daß vor allem Mängel in der Streitfähigkeit die Beziehungen zwischen jungen Lebenspartnern belasten.
Dennoch, es wird wenigstens gestritten und die Erfahrung gemacht, daß man nicht schrankenlos ist, daß das eigene Recht nur durchgesetzt werden kann, wenn im Gegenzug das Recht des anderen Kindes respektiert wird.

Und wenn das unterlegene Kind die Zuflucht bei dem Erwachsenen sucht, und dieser sich angemessen und beiden Kindern gegenüber fair verhält, macht das Kind nicht nur die Erfahrung der Bundesgenossenschaft, sondern es gewinnt auch die Erkenntnis, daß Beistand nicht nur Unterstützung im Streit bedeutet, daß Beistand auch darin bestehen kann, den Kompromiß anzubieten und herbeizuführen, Frieden zu stiften und Versöhnung zu ermöglichen.

Der Einzelgänger

Aber mit wem streitet das kleine Kind, das keine Geschwister hat? Ihm stehen als Streitpartner zunächst vor allem die Erwachsenen zur Verfügung. Jedoch welcher Erwachsene wird sich mit seinem kleinen Kind streiten? Anfangs können sich die meisten Mütter und Väter gar nicht vorstellen, daß es zwischen ihnen und dem Kind Streit geben soll. Aber es gibt die Unvereinbarkeit von Bedürfnissen – z. B. das Bedürfnis der Mutter nach Schlaf und das Bedürfnis des Kindes nach einer Mitternachtsmahlzeit an Mutters Brust –, also gibt es auch Konflikte.
Und es ist die Frage, wie diese Konflikte ausgetragen werden. Setzt sich der Erwachsene mit seinen Bedürfnissen durch, gehen die Bedürfnisse des Säuglings vor? Wann ist was richtig?

Nicht nur des Alters- und des Kräfteunterschieds wegen ist dies kein Streit unter Gleichrangigen. Da ist zum einen das Abhängigkeitsverhältnis des Kindes von den Eltern, auf die es angewiesen ist. Die Liebe und Zuneigung der Großen darf es nicht verlieren.

Zuwendung durch Anpassung

Die Bereitschaft des Kleinkindes zur Anpassung an die Erwartungen der Erwachsenen ist zum großen Teil bestimmt von dem Wunsch, sich dadurch die lebensnotwendige Zuwendung der Mutter oder des Vaters zu erhalten. So wird die Drohung des Erwachsenen mit Liebesentzug – „wenn du nicht lieb bist, dann habe ich dich nicht mehr lieb!" – vom Kind als existentielle Bedrohung begriffen.
Andererseits erkennt das Kind auch sehr bald die Schwachstellen des Erwachsenen und lernt, sie für seine eigenen Ziele und Zwecke auszunutzen.
Ob es sich dabei um die Ängstlichkeit und übermäßige Besorgtheit der Mutter handelt, um ihre schwachen Nerven oder um ihre Unerfahrenheit im Hinblick auf das, was Kinder brauchen, oder um die Angst vor den Nachbarn, denen man ein länger schreiendes Kind nicht „zumuten" darf. Das Kind weiß bald, wie es sich die Aufmerksamkeit der Mutter verschafft, wie es die Erwachsenen auf Trab hält, wie es seine Wünsche durchsetzt. „Daß ein gerade elf Monate altes Kind schon so ein Tyrann sein kann, das habe ich nicht geahnt!" heißt es dann.

Zuwendung durch Parteinahme

Selbst Spannungen zwischen den erwachsenen Partnern, die Kindern trotz aller Versuche, sie vor den Kleinen zu verstecken, ja nicht verborgen bleiben, kann ein Kind für sich ausnutzen, indem es die traurige Mutter tröstet oder sich seine Parteinahme für diesen und für den anderen jeweils durch besondere Zuwendung und andere Wohltaten „honorieren" läßt. Diese unterschiedlichen Waffen im Streit zwischen Kind und Erwachsenen, mit denen umzugehen ein Kind gelernt hat, sind ungeeignet für die Auseinandersetzungen mit Gleichaltrigen, die unvermeidlich eintreten, sobald das Kind außerhalb des Hauses, in der Krabbelgruppe, im Kindergarten, in der Vorschule, mit anderen Kindern in Berührung kommt. Und das macht es schwer, im Umgang mit anderen die Chance zu nutzen, richtig streiten zu lernen.

Um das Verhalten der Einzelkinder zu verstehen, muß man sie kennen. Weil sie alle mal Kinder waren, beurteilen Erwachsene die Kleinen nur zu leicht nach ihrer Erinnerung an die eigene Kindheit oder nach den Erfahrungen, die sie etwa mit Geschwistern – oder mit schon größeren eigenen Kindern – gemacht haben, die Situation und das Verhalten des Einzelkindes heute kennen die meisten Eltern nicht.

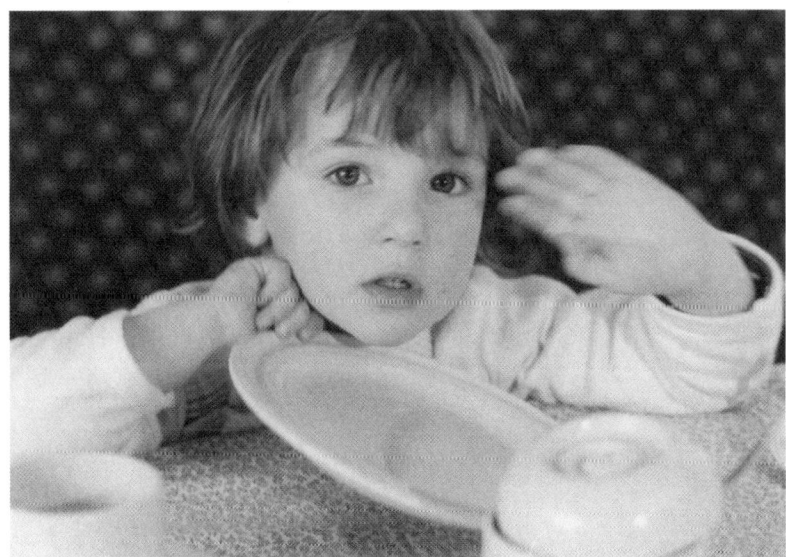

Kinder lernen rasch, welche Mittel sie einsetzen müssen, um die Aufmerksamkeit der Erwachsenen zu gewinnen. Aber lernen sie auch, wie man die Aufmerksamkeit Gleichaltriger bekommt.

11

Armes reiches Einzelkind

Über Einzelkinder sind allerlei Behauptungen und Nachreden im Umlauf. Zum Beispiel, daß sie zu beneiden seien, weil sie es besser hätten als andere, oder daß sie zu beklagen seien, weil sie der Übermacht der Erwachsenen ohne den Beistand gleich alter Bundesgenossen ausgeliefert seien und nicht nur alle Liebe, sondern auch alle Ängstlichkeiten auf sich zögen.

Was aber stimmt denn nun: Sind sie nun arm oder reich, die Einzelkinder?

Immer mehr Einzelkinder

Zunächst einmal: Es gibt sie. Und zwar in größerer Zahl als wohl je zuvor. Ob sie aber zu beglückwünschen oder zu bedauern sind, das hängt letzten Endes davon ab, wie sich ihre Entwicklungschancen gestalten, und wie die Eltern und das Kind lernen, damit zu leben, miteinander richtig umzugehen.

Wenn von den Einzelkindern die Rede ist, dann sind nicht nur die gemeint, die auf die Dauer geschwisterlos bleiben, sondern auch die, bei denen der zeitliche Abstand zu vorausgehenden oder nachfolgenden Geschwistern größer ist als vier oder fünf Jahre.

Große Altersunterschiede

Wer zum Beispiel so lange auf ein Brüderchen oder eine kleine Schwester warten muß, ist in wichtigen, im Hinblick auf die Entwicklung der sozialen Fähigkeiten vielleicht entscheidenden Jahren ebenso ein Einzelkind wie der sogenannte Nachzügler. Dieser dagegen wird den Entwicklungsvorsprung der älteren Geschwister nie soweit aufholen, daß er gleichrangig und gleich wichtig mit ihnen werden könnte. Der Nachzügler wird immer, selbst als Erwachsener noch, der Kleine bleiben. Er bleibt es auch in der Partnerschaft, ja sogar oft im Berufsleben.

Wenn der Altersunterschied zwischen den Geschwistern mehr als fünf Jahre beträgt, wachsen sie mit allen Vor- und Nachteilen der Einzelkinder auf.

Dreiviertel aller Kinder wachsen als Einzelkinder auf

Um es mit einigen Zahlen zu verdeutlichen: In der früheren Bundesrepublik Deutschland hatten von den 2,75 Millionen Familien mit Kindern unter sechs Jahren 2,1 Millionen je ein Kind und nur 630.000 zwei Kinder. Oder anders ausgedrückt: in drei von vier dieser Familien lebte jeweils nur ein Kind.

Wenn man sich dann noch vergegenwärtigt, daß viele Eltern den zeitlichen Abstand zwischen den durchaus erwünschten Kindern mit Absicht und mit Rücksicht auf ihre Lebensplanung strecken, erscheint die Behauptung gerechtfertigt, daß derzeit Dreiviertel aller neugeborenen Jungen und Mädchen dauernd oder längere Zeit als Einzelkinder aufwachsen werden.

Sind Geschwister besser dran?

Daß Kinder, die mit Geschwistern aufwachsen, besser dran seien, gehört gleichfalls zu den Behauptungen zum Thema Einzelkind. Zum Beispiel seien sie bevorzugt, weil Geschwister im unmittelbaren Umgang miteinander unwillkürlich auch Rücksichtnahme und das Teilen lernten. Einzelkinder hätten es nicht nötig zu teilen, und deswegen seien sie in der Gefahr, sich zu Egoisten, wenn nicht gar zu Egozentrikern zu entwickeln.

So wenig ein Kind, das mit Geschwistern aufwächst, selbstverständlich und in jedem Fall vor der Gefahr des Egoismus gefeit ist – auch Neid kann zum Egoisten machen, und die Charakterentwicklung hängt von vielen Faktoren und nicht nur von der Anzahl der Geschwister ab –, so wenig wird das Einzelkind zwangsläufig eigensüchtig.

Vor allem aber muß man fragen, was und wem eine solche generalisierende, oberflächliche Behauptung nützt? Wir haben nun einmal die Einzelkinder, und daran wird sich nichts ändern. Der möglichen Gefahr, daß Einzelkinder zu sehr bei sich bleiben und sich in ihren sozialen Beziehungen schwertun, kann man nicht

Wer ohne Geschwister aufwächst, muß nicht unbedingt ein Egoist werden.

mit der Aufforderung an die Eltern begegnen, nun bitte schön
möglichst viele Geschwister zu zeugen.

Viele Faktoren prägen das Sozialverhalten

Grundsätzlich gilt, daß jedes Kind das Recht hat, erwünscht zu
sein. Oder wenigstens darauf rechnen darf, begrüßt und akzeptiert zu werden, wenn es sich überraschend ankündigt.
Dies setzt aber Eltern voraus, die sich Gedanken machen, die
sich überlegen, wie ein Kind oder mehrere Kinder in ihren Le-
bensplan passen, und die bereit sind, bewußt die Verantwortung
zu übernehmen, die Kinder nun einmal mit sich bringen.
Da Kinder zu ihrer gedeihlichen Entwicklung, wie sich zeigen
wird, nicht nur gute Eltern, sondern vor allem auch Kinder
brauchen, gilt der Satz, der zugleich die These dieses Buches ist:
Wenn ich meinem Kind keine Geschwister schenken kann, muß
ich sie ihm organisieren!
Was dieser Satz bedeutet, warum er nötig ist, und wie er reali-
siert werden kann, das ist der Inhalt der folgenden Kapitel. Neben den Erfahrungen, die Eltern mit ihren Kindern machten,
sind dafür auch die Erinnerungen und Beurteilungen bedeut-
sam, die inzwischen junge Erwachsene, die als Einzelkinder auf-
wuchsen, einbringen.

**Wer mit Geschwistern
aufwächst, kann durchaus
ein Egoist werden.**

Ein paar Behauptungen und Einwände

Hier einige der im Umlauf befindlichen Behauptungen über Einzelkinder und einige kritische Anmerkungen dazu.

1. Einzelkinder sind Sorgenkinder

Dahinter steht eine Beobachtung, die tatsächlich häufig zu machen ist, nämlich daß Eltern ihr einziges Kind mit besonderer Aufmerksamkeit behüten und besorgt sind, es könne ihm etwas zustoßen. Junge Männer und Frauen, die als Einzelkinder aufgewachsen sind, beklagen sich öfter, die massive Liebe und die große Ängstlichkeit der Eltern hätten sie bedrückt, ihren Freiraum eingeschränkt und sie in der Gruppe der Gleichaltrigen häufig isoliert, weil sie mit Rücksicht auf die Eltern manches nicht mittun durften. Vieles war ihnen verboten, weil es den Eltern zu gefährlich oder unpassend erschien, anderes wagten sie nicht, weil sie sich von der Ängstlichkeit ihrer Eltern hatten anstecken lassen.

Einzelkinder haben besorgte Eltern, die ihnen manches untersagen – und Geschwister haben meist nicht weniger besorgte Eltern.

Leben an sich ist riskant

Abgesehen davon aber, daß auch Eltern mit mehreren Kindern heute oft sehr ängstlich sind und ihre Unsicherheit auf ihre Söhne und Töchter übertragen: Das Leben für Kinder in der modernen Gesellschaft ist riskant, und die Gefahren sind für ein Kind nicht jederzeit erkennbar oder einsehbar.

Es braucht also auf jeden Fall ein bestimmtes Maß an Behütung, was immer auch bedeutet, daß mindestens den Kleineren einzelne Unternehmungen auf eigene Faust verwehrt werden müssen.

Im übrigen sind nicht nur die Eltern von Einzelkindern ängstlich, überbesorgt und unsicher, sondern alle Eltern, die ihr erstes Kind bekommen. Zumal dann, wenn sie selbst schon als Einzel- oder als letztes Kind aufgewachsen sind und deswegen bei ihren eigenen Eltern Pflegeverhalten nicht abschauen und es anschließend auch nicht spielend üben konnten, weil es in der Familie nicht mehr vorkam.

Welcher junge Vater hat keine Angst, mit seinen großen Händen die zarten Knochen des Babys zu zerdrücken, welche Mutter befürchtet nicht, daß der tapsige Bär von einem Mann das zarte kleine Wesen fallen läßt.

Die Kluft zwischen Babybuch und Baby kann riesengroß sein – so groß wie zwischen Theorie und Praxis

Und wer ist nicht besorgt, die ungeschickte junge Mütter könnte ihr Baby ins Bad rutschen lassen. Auch den Umgang mit Säuglingen und Kleinkindern muß man erst einmal lernen, und erste Kinder haben grundsätzlich „ungelernte Eltern", gewissermaßen pädagogische „Lehrlinge" zu Vätern und Müttern, „Azubis", die dann auch noch ihre eigenen Ausbilder sein müssen. Sie lernen an und mit dem Kind.

Jedoch auch diejenigen, die gern, eifrig und ausdauernd mit der Puppe geübt haben, wie man ein Kind umsorgt, versorgt, pflegt und betreut, merken den Unterschied, wenn es sich um ein Wesen aus Fleisch und Blut handelt. Und selbst das, was sie im Kurs für werdende Eltern vor der Geburt gelernt haben, fällt ihnen, wenn es darauf ankommt, nicht sofort ein. Vor allem wenn das Kind sich anders verhält, als in dem vorher eifrig studierten Handbuch für junge Eltern beschrieben, wenn es weint, ohne daß man einen Grund erkennen kann, wenn es nicht schläft oder nicht richtig trinken will, dann wachsen die Sorgen nur zu leicht ins unermeßliche. Und die Angst wird riesengroß. Wie gut und erleichternd ist es, wenn man in solchen Situationen auf den Rat und den Beistand älterer Menschen rechnen kann, die das alles auch einmal durchgemacht haben.

2. Einzelkinder sind bessere Schüler

Diese Behauptung hat etwas für sich. Es gibt eine Reihe von Untersuchungen, nach denen Einzelkinder im Durchschnitt etwas bessere Zeugnisnoten heimbringen als Schüler, die zu Hause Geschwister haben. Das bedeutet allerdings nicht, daß Einzelkinder durch die Bank klüger, intelligenter, leistungsfähiger wären. Dagegen spricht, daß der Vorsprung, mit dem Einzelkinder ihren Schulstart beginnen, nach allen Erfahrungen von den mit Geschwistern aufgewachsenen Kindern in der Regel innerhalb der ersten Schuljahre aufgeholt wird. In Gymnasien und Realschulen lassen sich Unterschiede zwischen Einzel- und anderen Kindern, was die schulischen Leistungen angeht, nicht mehr feststellen. Auch sogenannte Hochbegabte, also die schulischen „Überflieger", gibt es in beiden Gruppen im selben Maße.

Sind Einzelkinder altklug?

Daß Einzelkinder durchschnittlich, wenigstens anfänglich, die besseren Schüler sind, hängt mit ihrer Position in der Familie und damit zusammen, daß sie nicht nur alle Sorgfalt der Eltern auf sich ziehen, sondern daß diese sich auch bemühen, ihr Kind in jeder nur denkbaren Weise zu fördern.

Das beginnt damit, daß das Kind, weil Erwachsene die Hauptgesprächspartner sind, von ihnen früh eine relativ differenzierte Erwachsenensprache lernt und einen reicheren Wortschatz erwirbt, was oft zu der Behauptung führt, Einzelkinder seien „altklug". Mit Geschwister aufwachsende Kinder bleiben länger bei der Kindersprache. Und da die Sprache die Struktur des Denkens vorgibt (Wir denken, wie wir sprechen!), liegt es auf der Hand, daß so geförderte Kinder sprachlich und gedanklich schneller sind. Aber auch dieser Vorsprung geht im Laufe der ersten Schuljahre mehr und mehr verloren.

Wissen Einzelkinder mehr?

Mit den Eltern als Gesprächspartnern hängt es auch zusammen, daß Einzelkinder meistens mehr wissen und schon früh Zusammenhänge kennen, die andere Kinder noch gar nicht interessieren. Neugier und Fragehunger gelten ja mit Recht als Zeichen für Interessiertheit und Aufgeschlossenheit.

So werden die Fragen des Kindes möglichst genau beantwortet. Und man sucht seine Interessen auf möglichst viele Gebiete zu lenken, zumal wenn Vater oder Mutter spezielle Neigungen und Vorlieben haben. Man kann heute manchem Fünfjährigen begegnen, der nicht nur schon weiß, was Dinosaurier waren, sondern sie auch mit Namen kennt und sie genau beschreiben kann.

Vielwissen ist nicht unbedingt ein Zeichen besonderer Intelligenz, wird aber häufig dafür gehalten. Manche Eltern neigen dazu, ihr Kind zu überschätzen und sind später von ihm enttäuscht, wenn sich zeigt, daß es doch nicht so klug und so intelligent ist, wie sie angenommen hatten.

Einzelkinder wissen „theoretisch", welches Verhalten richtig ist

Weil Einzelkinder nur begrenzte Möglichkeiten haben, Verhalten im Zusammenspiel mit Gleichaltrigen durch Üben zu lernen, müssen sie die Regeln des Zusammenlebens vor allem durch die Erläuterungen Erwachsener erfahren. Das heißt, man muß ihnen sagen, welches Verhalten in einer bestimmten Situation richtig ist. Und man muß diese Aussagen auch für das Kind einsehbar begründen. Das gelingt oft recht gut, denn Einzelkinder wissen meistens, wie andere sich verhalten müssen, und können auch sagen, warum. Aber zwischen der Einsicht, welches Verhalten passend, welches unangemessen ist, und der Fähigkeit, sich auch entsprechend zu benehmen, liegt zuweilen eine Kluft.

Einzelkinder haben bisweilen mehr Durchblick als andere. Sie wissen sehr genau, wie andere sich verhalten sollten, um Konflikten vorzubeugen. Leider fehlt in eigener Sache dieser Durchblick aber ziemlich oft.

Früh soll sich üben, was später mal ein Meister werden soll. Aber oft verweigern die Kinder sich, wenn der Druck zu groß wird.

Einzelkinder gelten als „verkopft"

Das zeigt sich später etwa bei idealistischen jungen Leuten, die grundsätzlich bereit sind, Verantwortung zu übernehmen, weil sie gelernt haben, daß das wichtig ist, die sich aber, wenn sie in bestimmten Situationen tatsächlich verantwortlich sein müssen, von den Ansprüchen schnell überfordert fühlen.

Weil diese Kinder vor allem mit Argumenten erzogen werden, und selbst meistens gut argumentieren können, sagt man ihnen nur zu leicht nach, sie seien „verkopft".

Und schließlich werden Einzelkinder mehr als andere heute bereits „vorschulisch gefördert", sei es, daß sie früh Lesen, Schreiben und Rechnen lernen, sei es, daß die Eltern darauf achten, daß sie bereits im Kindergarten-Alter bestimmte andere Kulturfertigkeiten erwerben, Flöte oder Klavier üben, zur Ballettstunde gefahren werden oder Reiten und andere „exklusive" Sportarten treiben. Dahinter steht die unbestreitbare Erkenntnis, daß

Kinder sich schon früher, als nach unseren Bildungsplänen vorgesehen, diese Kulturfertigkeiten aneignen können. Darüber hat man unter dem Stichwort „Vorschulerziehung" jahrelang heiße Diskussionen geführt.

Frühes Können ist nicht immer von Dauer

Inzwischen darf als erwiesen gelten, daß diese frühen Lernerfolge erstens keinen Dauervorsprung verschaffen (die weniger geförderten Kinder holen schnell auf), daß langsam und kontinuierlich, wenn auch unsystematisch erworbenes Wissen und angeeignete Fähigkeiten besser halten und nicht so schnell verlernt werden. Und daß zweitens der Schulstart des Kindes belastet werden kann, weil ein Kind, das bereits „alles kann", was andere erst lernen müssen, anfänglich keinen Grund hat, sich zu engagieren und anzustrengen und sich sehr schnell langweilt; oder daß es sich für überlegen hält, auf die weniger geförderten Kinder herabblickt und von diesen darauf als „Angeber" in die Ecke gestellt wird.

Die sogenannten Überflieger haben, ob nun Einzel- oder Geschwisterkind, häufig die gleiche Schwierigkeit: In den ersten Schuljahren schaffen sie alle Leistungsanforderungen ohne angestrengtes Lernen und intensives Arbeiten. Steigen dann im Laufe der Jahre die Ansprüche, etwa durch die Ausweitung der Fächer, wird gezieltes Arbeiten und Lernen erforderlich, und nun kann sich rächen, wenn es nicht gelernt ist. Es kommt zu ersten Niederlagen, zur ersten Enttäuschung über sich selbst und häufig zu Entmutigung. Das weniger geförderte, oft auch das nicht so hochbegabte Kind ist von vornherein gezwungen, den Mangel an Förderung oder Begabung durch Fleiß und Arbeiten auszugleichen. Dadurch hat es sich bereits eine kontinuierliche Lernmethode angeeignet und ist gerüstet, wenn die Ansprüche sich erhöhen. Und so machen Überflieger, die ihre Spitzenposition meistens nur in einigen wenigen Fächern halten können, die Erfahrung, daß Mitschüler, die nie so gut waren wie sie, nun an ihnen vorbeiziehen.

Fremdbetreute Einzelkinder

Aber Einzelkind ist nicht gleich Einzelkind, und nicht alle Einzelkinder sind in der hier beschriebenen Situation. So ist der Hinweis notwendig, daß Einzelkinder weit mehr als Kinder mit Geschwistern fremdbetreut werden.

Das heißt: Tagsüber liegt die Betreuung in den Händen anderer Personen als der Eltern, besonders häufig in denen der Großeltern, oft auch von sogenannten Tagesmüttern. Und die sind, was die frühe Förderung des Kindes angeht, aus mancherlei Gründen meistens zurückhaltender, sei es, daß sie die Notwendigkeit nicht einsehen, sei es, daß sie gar nicht die realen Möglichkeiten haben, das Kind von einer Förderung zur nächsten zu kutschieren. Dafür tut der regelmäßige Umgang mit den Großeltern dem Kind meistens emotional recht gut, und die Kinder der Tagesmutter können sozusagen als Ersatzgeschwister sich auf die soziale Entwicklung des Einzelkindes positiv auswirken. Der Grund für die Fremdbetreuung liegt meistens in der Berufstätigkeit beider Eltern. Zum anderen spielt natürlich auch eine Rolle, daß man für ein Kind eher Betreuer findet als für mehrere.

3. Einzelkinder sind Egoisten

Dazu ist an anderer Stelle schon einiges gesagt worden. Weil es für das Einzelkind keine Notwendigkeit gibt, die Eltern, die Fürsorge und das Spielzeug mit anderen zu teilen, schlußfolgern manche, daß der Weg in den Egoismus sozusagen vorprogrammiert sei.

Ein Kind, das erlebt, daß sich alles um es dreht, gerät in die Gefahr, sich selbst für den Mittelpunkt der Welt zu halten und andere entsprechend zu behandeln. Aber daß es zwangsläufig zum Egozentriker werde, kann niemand behaupten. Es hängt ja sehr davon ab, unter welchen Verhältnissen und Bedingungen es aufwächst. Hat es ständig Kontakt mit anderen Kindern, lernt es, deren Ansprüche und Rechte zu respektieren, dann lernt es auch, für diese Freundschaft zu verzichten und eigene Ansprüche auch einmal aufzugeben, um den anderen gerecht zu werden.

Teilen muß man üben

Außerdem sollte es erleben, daß auch die Eltern und andere Erwachsene ihm gelegentlich einen Verzicht zumuten. Das ist in einer Konsumgesellschaft nicht unbedingt populär. Gelegentlich kann man unter Eltern und anderen Erziehern der Meinung begegnen, es sei unsinnig, das Kind zu frustrieren, indem man ihm einen vernünftigen und ungefährlichen Wunsch abschlage oder es auf dessen Erfüllung warten lasse. In einer Wohlstandsgesellschaft komme es nicht darauf an, den Kindern verzichten beizubringen. Vielmehr müßten sie von klein auf lernen, genußvoll zu leben und von den Dingen dieser Welt einen sinnvollen und guten Gebrauch zu machen. Dazu aber müßten sie sie besitzen und kennenlernen. Und schon gar nicht dürfe man Kindern zumuten, auf die Erfüllung eines erfüllbaren Wunsches länger zu warten. Motto: „Das gegenwärtige Glück des Kindes darf seinem zukünftigen Glück nicht aufgeopfert werden!" (Helmut Kentler) Dabei wird allerdings einiges übersehen. Selbstverständlich sollen Kinder lernen, das Leben und die Freuden des Lebens auch zu genießen.

Genuß ist nicht alles – und nicht jederzeit möglich und sinnvoll

Und selbstverständlich ist es wichtig, den richtigen und verantwortlichen Gebrauch der Dinge kennenzulernen. Aber nicht alle Eltern sind in der Lage, ihrem Kind jeden Wunsch jederzeit zu erfüllen. Das geht schon aus finanziellen Gründen nicht, speziell dort, wo die Mutter oder der Vater des Kindes wegen aus dem Beruf ausgestiegen ist und das eine Einkommen gerade reicht,

Nicht jeder besitzt alles, aber einiges kommt schon zusammen. Wenn alle gemeinsam spielen, gibt es eine Menge Spielsachen.

wo eine alleinerziehende Mutter mit dem Kind trotz schmalen Budgets über die Runden kommen muß, wo die Eltern noch studieren oder nach dem Studium noch keinen Job fanden oder wo sie arbeitslos geworden sind. Es gibt auch im reichen Deutschland genügend Familien, die materielle Sorgen kennen.

Aber selbst, wo dies alles für die Eltern kein Problem ist, wo sie alles kaufen können, was das Kind sich wünscht, bleibt noch die Frage, ob es auch sinnvoll ist, den Neigungen des Kindes ständig und sofort nachzugeben.

Aus Wohlstand kann Notstand werden

Niemand kann seinem Kind versprechen, daß in seinem Leben sich alle seine Wünsche und sogar wichtige Bedürfnisse jederzeit erfüllen werden. Vielmehr müssen wir doch damit rechnen, daß auch unsere Kinder unter Umständen Notlagen, Beschränkungen, Entbehrungen, den Zwang zum Verzicht, vielleicht sogar Elend und wirkliche Not kennenlernen werden. Wir wollen hoffen, daß es nicht eintritt, aber wir können nicht ausschließen, daß es doch geschieht. Wie soll später ein junger Mensch, der von Kindheit an daran gewöhnt war, daß ihm alles gehört, sobald er den Wunsch danach äußert, damit zurechtkommen? Wie wird eine Partnerin oder ein Partner reagieren, wenn er unbekümmert um die Hoffnungen, Wünsche und Erwartungen des anderen – oder um das begrenzte Haushaltsbudget – sich seine Neigungen und Wünsche erfüllt, weil er nicht gelernt hat, auch einmal zu verzichten. Selbst bei gut verdienenden jungen Paaren ist der selbstherrliche, nicht abgestimmte und nur an den eigenen Bedürfnissen und Neigungen ausgerichtete Umgang mit dem Geld einer der Hauptkonfliktgründe, an dem so manche hoffnungsvoll begonnene Beziehung scheitert. Wie wird es erst sein, wenn das Geld einmal knapp wird, Verzicht und Sparsamkeit aber nicht gelernt wurden?

Verwöhnen kann auch Härte bedeuten

Ein anderer, pädagogischer, Gesichtspunkt: Manche Großeltern haben das Problem, daß sie nicht mehr wissen, was sie ihren Enkelkindern schenken sollen. Die haben ja alles, und es gibt kaum noch etwas, womit man ihnen eine Freude machen kann. Viele Eltern beklagen sich, daß das Haus voller Spielzeug steht, die Kinder sich aber dennoch langweilen. Und daß die lieben Kleinen für jedes neue Spiel, das ihnen einfällt, erst die Ausrüstung und das passende „Outfit" brauchen.

Daran mögen Fernsehen und vor allem die Fernsehwerbung beteiligt sein. Der Fehler liegt aber auch bei den Erwachsenen, die nur zu schnell bereit sind, sich den Wünschen der Kinder zu fügen und für sie Geld auszugeben. Häufig hört man den Vorwurf der Beschwichtigung, daß nämlich die Eltern durch materielle Geschenke an die Kinder ihr schlechtes Gewissen ihnen gegenüber beruhigten als eine Art Wiedergutmachung für versäumte Elternliebe. Das mag es geben, aber längst nicht alle Väter und Mütter, die ihre Kinder mit Geschenken verwöhnen, sind deswegen Rabeneltern.

Ein anderer Grund: Man möchte die Kinder nicht entbehren lassen, was man sich selbst als Kind gewünscht hat. Mein Kind soll es einmal besser haben, es soll nicht anderen Kindern neidisch hinterher schauen. Nicht wenige Eltern neigen dazu, ihre Ansprüche für sich selbst ständig hinten anzustellen und zurückzuschrauben, nur um den Aufwand für das Kind finanzieren zu können. Als Mütter fallen auch emanzipierte Frauen leicht in die von ihnen geschmähte und längst überwunden geglaubte Opfer- und Verzichtsideologie zurück.

Daß das Kind es einmal besser haben soll, ist allerdings nicht nur ein Grund fürs Verwöhnen, sondern auch für manche Härte, die die Eltern – weil sie es doch gut mit dem Kind meinen – als solche gar nicht bemerken. So erwarten manche Eltern, weil das Kind es später besser haben – und mehr erreichen – soll, unwillkürlich schulische Bestleistungen und setzen das Kind dadurch schwer unter Druck.

Es ist wichtig, die Kinder auch an Verzicht und an das Aushalten von Frustrationen und Enttäuschungen zu gewöhnen

Das heißt, daß Kindern nicht jeder Wunsch erfüllt werden sollte, z. B. „weil wir dafür im Moment kein Geld haben"– „weil du doch erst in jüngster Zeit ein neues Spielzeug bekommen hast"– oder „weil wir die Notwendigkeit nicht einsehen!"

Dabei sollte klar sein: Schenken oder Nichtschenken darf nicht als Willkür erscheinen oder als Sache unserer Laune. Das heißt, Kinder brauchen für alles eine Begründung, die sie möglichst einsehen können.

Das bedeutet nicht, daß das Kind die Begründung für den abgeschlagenen Wunsch auch sofort akzeptieren wird. Im Gegenteil,

Sich etwas zu wünschen und auf Erfüllung zu hoffen, gehört zu den ganz wichtigen Dingen im Kinderleben. Ein Kind muß es ertragen lernen, daß nicht jeder Wunsch in Erfüllung geht.

in der ersten Enttäuschung wird es sich gegen solche Einsicht sogar sperren. Das muß aber nicht heißen, daß die Absage ihm auf die Dauer nicht doch einleuchtet.

In diesem Zusammenhang dürfen und sollen Eltern auch ruhig über ihre finanziellen Verhältnisse reden, die die Erfüllung mancher Wünsche eben nicht – oder derzeit nicht – zulassen. Kinder sollten wissen, daß ihre Wünsche in Konkurrenz zu den Wünschen und Bedürfnissen der anderen stehen und daß ein ihnen erfüllter Wunsch unter Umständen den Verzicht von Vater und Mutter bedeutet. Daß sie dafür gelegentlich gleichfalls einmal verzichten müssen – nicht auf unbedingt Wichtiges oder sogar Unentbehrliches, wohl aber auf Angenehmes und vielleicht auch Nützliches.

Auch jüngere Kinder können schon lernen, daß man nicht alles und schon gar nicht alles gleichzeitig haben kann. Daß Vater und Mutter auch nicht mehr Geld ausgeben können, als sie haben (oder für persönliche Ausgaben vorgesehen haben). Und daß dieser Betrag unter allen Mitgliedern der Familie „geteilt" werden muß. Das heißt, daß einmal dieses, ein andermal ein anderes Mitglied der Familie „an der Reihe ist". Daß Geschwister mit ihren Ansprüchen an die Börse der Eltern Konkurrenz zu den eigenen Wünschen sind, die berücksichtigt werden muß, ist einem Kind sicher leicht zu erklären. Daß auch die Eltern eine solche Konkurrenz darstellen, ist dagegen, besonders kleineren Kindern schwerer verständlich. Denn so lange noch die Omnipotenzgefühle im Hinblick auf die Eltern vorherrschen, so lange das Kind noch die Vorstellung hat, daß die Eltern alles vermögen, fällt es ihm schwer zu glauben, daß Geld für Vater und Mutter ein Problem sein könnte. Und manche Eltern möchten dieses Über-Bild dem Kind auch gern erhalten.

Vorfreude ist oft die größte Freude

Dennoch, wie soll das Kind die Versagung eines Wunsches nicht als Willkür und als Mangel an Liebe empfinden, wenn es nicht erfährt, daß die Eltern dafür Gründe haben?
Schließlich kann man schon mit einem kleinen Kind überlegen, wann und unter welchen Bedingungen ein jetzt nicht erfüllbarer Wunsch vielleicht doch noch verwirklicht werden kann. Und was es vielleicht selbst dazu beitragen kann, um die Erfüllung dieses Wunsches zu beschleunigen.

Bei Kindern, die schon über Taschengeld verfügen, könnte man beispielsweise vorschlagen, daß sie einen kleinen Teilbetrag des Anschaffungspreises ansparen, bevor der Gegenstand gekauft wird. Manchmal heißt aufgeschoben dann doch aufgehoben, weil Kindern ständig Neues einfällt und weil ein anderer Wunsch plötzlich viel wichtiger ist.

Der Wunsch aber, an dem festgehalten wird und an den das Kind immer wieder denkt, ist mit Vorfreude verbunden. Und die Erfahrung zeigt, daß die Vorfreude auf die Erfüllung eines Wunsches meistens größer ist als die Freude über die Erfüllung des Wunsches. Schließlich wird das, was man nicht nur geschenkt bekam, woran man sich beteiligte und das man mit beschaffte, in aller Regel höher geachtet (und pfleglicher behandelt).

Warum Kinder Kinder brauchen

Kleine Kinder sind auf Kinder scharf. Das kann man auf jedem Spielplatz beobachten. Da spielt ein Kind im Sandkasten, und vorsorglich schaut es jede Minute auf, ob denn auch die Mutter noch auf der nahen Bank sitzt. Dann kommt ein anderes Kind dazu, klettert in den Sandkasten oder wird hineingesetzt, und schon sind beide Mütter abgemeldet.

Jetzt haben die beiden Kinder miteinander zu tun. Und wenn es schließlich Heimgeh-Zeit ist, möchten die Kinder noch bleiben und sind nur gegen das Versprechen, sich bald wiederzusehen, bereit, in den Buggy zu steigen.

Kinder üben auf Kinder eine große Faszination aus, ob sie nun unbedingt die Fingerchen und Öhrchen des Säuglings im Wagen betrachten müssen, ob sie in den breiten Gängen des Einkaufs-zentrums plötzlich die Hand des Erwachsenen loslassen, um auf ein anderes Kind zuzumarschieren, oder ob sie später die Familie mit dem Essen auf sich warten lassen, weil es mit dem Freund Pläne zu besprechen oder mit der Freundin wichtige Geheimnisse des Lebens zu erörtern galt. Spätestens mit Beginn der Pubertät stellen die Eltern fest, daß ihnen die erste Position im Leben ihrer Kinder von anderen streitig gemacht wird, näm-lich von deren Altersgenossen.

Lange Zeit sind Eltern die wichtigsten Menschen im Leben ihrer Kinder – bis die Gleichaltrigen kommen.

Erwachsene sind für Kinder nützlich – sind sie auch passend?

Das ist nicht nur unvermeidbar, das ist auch gut so. Und es gibt eine ganze Reihe von Gründen, daß Kinder Kinder brauchen. Der erste Grund ist, daß es zusammen mit anderen Kindern mehr Spaß macht als allein. Der Erwachsene ist für das kleine Kind ein notwendiger, aber nicht unbedingt der geeignetste Partner.

Es gibt vieles, was man allein nicht tun und anstellen kann, wo-zu aber auch der Vater oder die Mutter als Mitspieler ungeeignet oder nicht besonders gut geeignet sind. Dazu gehört alles, was sich am Boden abspielt.

Die Kinder sind allein wegen der geringeren Körpergröße dem Boden nicht nur näher, sie sind auch viel beweglicher. Ein Erwachsener, der mit dem Kind am Boden spielt und dabei alle Bewegungen mitmacht, ist nach spätestens einer Stunde total geschafft. Dann tun ihm nicht nur die Knie und die Oberschenkel (vom bequemen Stuhl verwöhnt), sondern auch das Kreuz weh, und im Kopf richtet die ungewohnte Blickrichtung von unten aufwärts einige Verwirrung an. Dem Fünfjährigen aber, der sich zum Zweijährigen auf die Erde hockt, scheint die Sitz- und Körperhaltung nichts auszumachen.

Kinder leben im Augenblick

Und wo der Erwachsene manchmal rätseln muß, was das Kind denn nun meint, hat der fast gleichaltrige oder wenig ältere Spielkamerad es sofort begriffen. Er versteht ja noch die Kindersprache, die sich nicht nur in Worten, sondern teilweise in Lautmalerei, in Gesten und Bewegungen ausdrückt.

Und die Spielideen, die ein größeres Kind vorschlägt, gehen von diesem aus und entsprechen seinem Spielbedürfnis. Sie sind der Erlebniswelt und der geringeren Erfahrung des Kleinkindes meistens näher und daher besser verständlich und leichter akzeptierbar.

Fast alle Erwachsenen erliegen der Versuchung, Spiele, die sie mit den Kindern machen wollen, aus erzieherischen Gründen vorzuschlagen. Sie sagen dann, dies sei ein „schönes Spiel", meinen aber, daß es für das Kind lehrreich sei. Das Kind dagegen weiß nicht, was daran denn so „schön" sein soll. So wie die Vierjährige, die die Einladung der Erzieherin im Kindergarten zum gemeinsamen Spiel mit der Frage beantwortete: „Müssen wir jetzt wieder ein schönes Spiel spielen?"

Für das Kind ist nicht das Spiel schön, aus dem es – nach Meinung der Erwachsenen – besonders viel lernt, sondern das, was ihm im Augenblick entspricht. Und das müssen Kinder selbst herausfinden. Dabei sind sie sich gegenseitig auch die besten Ratgeber. Das hängt unter anderem damit zusammen, daß die Optik der Kinder und ihre Perspektive, die Welt zu sehen, noch sehr bodennah ist. Die Erwachsenen haben, weil sie groß sind, den Überblick.

Nahblick statt Überblick

Kinder aber haben den Nahblick, und sie entdecken miteinander
vieles, was den Erwachsenen aus der Höhe von 1,70 Meter nicht
einmal mehr auffällt. Man muß nur einmal beobachten, was
zwei Kinder alles in einem Tümpel, der für uns nicht mehr als
eine häßliche Pfütze ist, zu entdecken vermögen, und worauf sie
sich gegenseitig aufmerksam machen.

Kinder sind also füreinander auch wichtig als Gefährten bei der
Entdeckung der Welt. So lernen sie miteinander und voneinander spontan mehr als von den Erwachsenen.

Aber auch für den Umgang mit den Erwachsenen sind Kinder
füreinander wichtig. Es war schon davon die Rede, daß die Beziehung des kleinen Kindes zum Erwachsenen ambivalent ist.
So groß und stark und zuverlässig, ist er ein Schutz und eine
notwendige Hilfe. Das Kind weiß, daß es auf die Großen, speziell
Mutter und Vater, angewiesen ist. Wie sollte es ohne sie auskommen?

Andererseits erscheinen ihm die Großen aber auch bedrohlich.
Einmal wegen ihrer Größe, aber auch wegen der körperlichen
Überlegenheit. Dieses Gefühl der Bedrohung wird verstärkt,
wenn der Erwachsene versucht, sich mit Hilfe seiner körperlichen Überlegenheit dem Kind gegenüber durchzusetzen.

Kinder leben „bodennah".
Sie entdecken da unten
vieles, wovon die Erwachsenen da oben gar keine
Ahnung haben.

Ein großer Teil der heutigen Eltern ist selbst unter Anwendung sogenannter Züchtigung erzogen worden

Inzwischen überwiegt bei den jungen Eltern die Meinung, daß
man seine Kinder ohne körperliche Gewaltanwendung erziehen
sollte. Ja, man kann sagen, daß diese Einstellung in der jüngeren Elterngeneration – Ausnahmen gibt es immer – Allgemein-
gut geworden ist. Aber immer noch kommt es vor, daß geschlagen wird – auch von Eltern, die dies nie wollten und sich deswegen schämen oder sogar Selbstvorwürfe machen. Und die über-
triebenen Vorstellungen darüber, was in der Seele des Kindes
durch eine Ohrfeige angerichtet werden kann, verunsichern die
Eltern, lassen sie vor Zerknirschung vergehen und sich als Ver-
sager fühlen.

Um es direkt zu sagen: Es ist nicht gut, wenn ein Kind geschlagen wird. Daß Kinder, die geschlagen wurden, selbst wieder
schlagen, und daß die Eltern nur die Schläge an die Kinder wei-
tergeben, die sie selbst in ihrer Kindheit abbekommen haben,

kann man zwar oft hören, stimmt so aber nicht. Man kann durchaus Kinder beobachten, die sich mit Schlägen gegen andere wehren, deren Eltern glaubhaft versichern, nie geschlagen zu haben. Der Abwehrstoß und der Abwehrschlag sind nun einmal Bestandteile unseres eingeborenen Verhaltensrepertoires. Und wenn ein Kind sich bedrängt fühlt, dann kann es schlagen und tut es auch, ohne selbst vorher geschlagen worden zu sein oder Schlagen beobachtet zu haben. Das Kind ist deswegen nicht böse, es verhält sich durchaus wie eine junge Katze, die ihren Platz an der Milchschüssel mit leichten Hieben gegen ihre Geschwister verteidigt. Es muß erst lernen, gewaltfrei mit anderen umzugehen.

Da sind Eltern, denen „die Hand ausrutscht", sicher kein gutes Vorbild. In den meisten Fällen ist dies die schlimmste Folge des gelegentlichen Klapses. Wo nämlich das Kind zwar mal geschlagen wurde, aber die Erfahrung machte, daß der Auseinandersetzung die Versöhnung folgte, da sind so schlimme Folgen oder gar große seelische Schäden, wie viele annehmen, kaum zu befürchten. Jedenfalls zeigen amerikanische Langzeitstudien an geschlagenen und nicht geschlagenen Kindern, daß das Klima im Umgang mit dem Kind dafür entscheidend ist, wie es das Geschlagenwerden verkraftet. Wenn es in einer Atmosphäre der Zärtlichkeit und Liebe aufwächst und sich bei seinen Eltern geborgen fühlt, übersteht es meistens schadlos auch eine solche

Sich vertragen, sich gelegentlich schlagen, das ist die Art, wie Kinder Streitkultur lernen – wenn die Erwachsenen nicht Partei ergreifen.

elterliche Fehlleistung, als die der Klaps oder der leichte Schlag nun einmal gelten sollte. Kinder müssen lernen, auch mit Schwächen der Erwachsenen umzugehen und sie auszuhalten, wie die Erwachsenen auch ihre Kinder und deren manchmal sehr anstrengenden Verhaltensweisen und Eigenarten und das, was man Untugend nennt, aushalten müssen. Und beide müssen sich bemühen, im Umgang miteinander ihre Schwächen zu beherrschen und sich nicht einfach „gehen zu lassen".

Wenn doch einmal die Hand ausrutscht

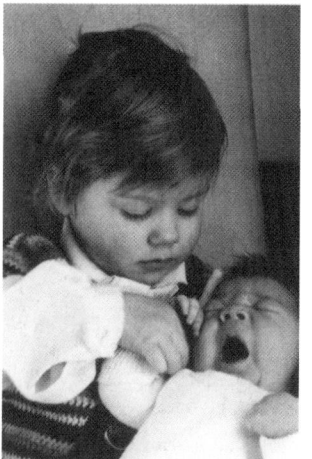

Liebevoll geht die kleine Schwester mit dem Baby um. Nachahmung oder angeborenes weibliches Verhalten?

Hier ist von dem gelegentlichen Klaps oder dem leichten Schlag die Rede, nicht vom Prügeln. Es ist unsinnig, sich damit herauszureden, daß „eine Ohrfeige noch niemandem geschadet" habe, daß „manche Kinder das eben brauchen", und daß „wir schließlich auch geschlagen wurden und trotzdem ganz gerade gewachsen sind". An die positive Kraft der Züchtigung glaubt ohnehin niemand mehr. Und Schlagen ist immer eine Kapitulation und das Eingeständnis einer Unzulänglichkeit. Wer schlägt, beweist, daß er nicht Herr der Lage ist und sich momentan nicht anders zu helfen weiß. Und er sollte wenigstens die Kraft aufbringen, sich das selbst gegenüber zuzugeben, sich bei dem Kind wegen der Entgleisung zu entschuldigen und sich mit ihm wieder zu versöhnen.

Es ist klar, die meisten Klapse und Schläge bekommen Kinder nicht, weil sie so „böse" sind – was immer das ist –, sondern weil die Eltern bereits gereizt sind. Und ob geschlagen wird, hängt nicht so sehr vom Verhalten des Kindes ab, sondern von der momentanen Grundstimmung des Erwachsenen. Ist dieser gut gestimmt und fühlt er sich wohl, erträgt er das Kind und dessen vielleicht störendes Verhalten leichter, als wenn er „schlecht drauf" ist, sich geärgert hat (nicht unbedingt über das Kind), enttäuscht wurde, oder wenn die Mutter wegen des schlechten Wetters mit dem Kind die Wohnung hüten muß und das Gefühl hat, daß ihr „gleich die Decke auf den Kopf fällt".

Ablehnung tut weh

Und gälte der Rechtssatz, daß ohne vorheriges Verbot nicht gestraft werden darf, auch für den Umgang mit Kindern, so wären die meisten Strafen rechtswidrig. Denn daß das Verhalten oder eine Handlung des Kindes „strafwürdig" ist, fällt den Erwachsenen meistens doch erst ein, wenn sie bereits gestraft haben. Das heißt, das Kind wird häufiger gestraft, ohne sich seiner Strafbarkeit bewußt zu sein. Dann erscheint die Strafe selbstverständlich als Willkürakt. Und wer sagt dem Kind, wenn es fröhlich lärmt und der kopfwehgeplagten Mutter unerträglich wird, daß der Klaps dem Bedürfnis der Erwachsenen nach Ruhe entspringt?

Weil Körperstrafen unerfreulich und unpädagogisch sind, werden sie von vielen, wahrscheinlich den meisten Eltern grundsätzlich abgelehnt.

Auch Eltern sind manchmal schlecht drauf

Wenn es dann doch zum Klaps kommt, ist dies für die Eltern ein Bruch mit ihrer Überzeugung, den sie sich selbst nur schwer verzeihen und lange übelnehmen. Aber auch für sie gibt es Konflikte mit den Kindern, auch sie haben einmal Kopfschmerzen oder sind sonst „schlecht drauf". Was geschieht, wenn das Kind ohne Rücksicht auf Mutters Kopfschmerzen – es weiß ja noch gar nicht, was das ist! – fröhlich lärmt und die Mutter das Gefühl hat, daß ihr es „einfach zuviel" wird? Das ist eine jener Situationen, in denen der Vorsatz der Gewaltfreiheit gebrochen wird oder in der man sich mit der Androhung von Liebesentzug Ruhe vom Kind zu verschaffen sucht. Wenn Eltern ihrem Kind verbal die Liebe aufkündigen – „dann mag ich dich nicht mehr!" – oder ihm ihre Ablehnung auf andere Weise deutlich spüren lassen, dann ist das für das Kind genauso schlimm wenn nicht sogar ärger als ein spontaner Klaps.

Noch schläft das Baby und nimmt viel Zuwendung für sich in Anspruch. Aber bald schon wird es zum Bundesgenossen.

In diesem Konflikt mit den Eltern ist es gut, wenn Kinder gleichaltrige Bundesgenossen haben. Diese brauchen sie deswegen besonders, weil ja zwischen dem Kind und den Erwachsenen die sogenannte „Waffengleichheit" nicht gegeben ist. Der Erwachsene ist größer, körperlich überlegen, er kann sich durchsetzen. Das Kind dagegen ist kleiner, schwächer, von den Eltern abhängig und fühlt sich unterlegen.

Da kann ein großer Bruder oder eine Schwester dem Kind den Rücken stärken und ihm, das sich vielleicht als „böse" vorkommt, zeigen, daß es doch nicht „böse" ist. Er oder sie kann dem Kleineren das ihm unbegreifliche Verhalten der Eltern erklären, ihm die Angst nehmen, aus der Liebe von Vater und Mutter gefallen zu sein.

Geschwister als Vermittler

Geschwister können zwischen dem Kind und den Eltern, manchmal sicher auch zwischen den Eltern und dem Kind, vermitteln. Das Gefühl, den übermächtigen Eltern nicht allein ausgeliefert zu sein, weil es die Geschwister auch noch gibt, stärkt das Selbstbewußtsein des Kindes.

Freunde können diese Funktion des Bundesgenossen gegen die Erwachsenen nicht so gut erfüllen wie Geschwister. Trotzdem sind sie sehr wichtig, und sei es nur, daß das Kind von seinem Kummer mit den Eltern erzählen kann und die Solidarität des anderen Kindes spürt: „Du bist nicht bös, du bist ein Lieber!" Bei größeren Kindern kann das Angebot des Freundes oder der Freundin „Soll ich mal mit deinem Vater sprechen?" durchaus hilfreich sein, länger anhaltende Spannungszustände zwischen Kind und Eltern zu bereinigen.

Den Konflikt nicht unterdrücken

Was es, wie bereits beschrieben, im Kinderzimmer mit mehreren Kindern gibt, das kann man auch im Sandkasten oder auf dem Spielplatz beobachten: Es wird gestritten, und der Streit verläuft häufig nach dem Schema: Einer nimmt sich zuviel heraus. Da schließen sich die Zukurzgekommenen zusammen und zeigen dem anderen seine Grenzen. Nur daß es hier eben nicht Geschwister sind, sondern Spielkameraden aus verschiedenen Familien. Wenn sich die Mütter und sonstigen Bezugspersonen nicht regulierend und „friedenstiftend" – also den Konflikt unterdrückend – einschalten, sondern die Kinder die Sache unter sich austragen lassen, haben diese eine Chance, die Selbstregulierung sozialer Beziehungen durch Üben zu lernen.

Dazu gehören Streiten, Bundesgenossen suchen und Koalitionen eingehen, Kompromisse und Auswege aus Konflikten finden und sich wieder vertragen.

Hier werden Nachbarskinder, Zufallsbekanntschaften und Freunde für diejenigen Kinder wichtig, die zu Hause keine gleichaltrigen und gleichrangigen Partner haben.
Weil Einzelkinder ohne Geschwister aufwachsen, lernen sie in der Familie auch keine Gleichaltrigen des anderen Geschlechts kennen.

Vater und Mutter als Liebesobjekte

Da hat der Junge nur die Mutter, das Mädchen nur den Vater als „Anschauungsmaterial". Das ist ein wenig dürftig. Zwar haben Vater und Mutter auch bei den Kindern von heute noch Vorbildfunktion. Und immer noch verliebt sich das Töchterchen meistens wenigstens zeitweilig in den Papa und fühlt sich der kleine Ödipus zur Mutter hingezogen. Aber die Menschen des anderen Geschlechts, mit denen sie später einmal zusammenleben werden oder möchten, werden anders sein als ihre erlebten Leitbilder in der Familie. Und das Gelingen ihrer späteren Partnerschaft wird nicht zuletzt davon abhängen, daß sie es fertig bringen, sich aufeinander einzustellen.

Es ist von großem Nutzen, wenn der Junge erlebt, wie sich ein Mädchen verhält, und das Mädchen erfährt, wie Jungen sind. Worin sie einander entsprechen, worin sie sich unterscheiden. Und hier sind keineswegs nur die körperlichen Unterschiede gemeint.

Auch wenn wir hinsichtlich dessen, was typisch Junge und was typisch Mädchen ist, sehr vorsichtig geworden sind und längst nicht mehr alles mit der männlichen oder weiblichen „Wesensart" erklären, so ist doch unbestreitbar, daß sich Jungen und Mädchen in gewissen Neigungen, Vorlieben und auch im Verhalten voneinander unterscheiden. So ist bereits bei kleinen Kindern ein durchaus verschiedenes Verhältnis im Hinblick auf ihre Freundschaften zu beobachten. Jungen suchen sich ihre Freunde meistens speziell unter dem Gesichtspunkt aus, was man miteinander spielen, tun, treiben und anstellen kann. Und wechseln ihre Interessen und Neigungen, so wechseln manchesmal auch die Freunde, je nachdem, ob sie der neuen Interessenslage entsprechen oder nicht.

Kinder lernen an männlichen und weiblichen Bezugspersonen unterschiedliche Vorlieben und Verhaltensweisen kennen. Das wappnet sie in der späteren Partnerschaft vor der Idealisierung des Partners – aus Unkenntnis typischer Merkmale.

Typisch Junge? Typisch Mädchen?

Weil diese Freundschaften eher von sachlichen und Nützlichkeitserwägungen bestimmt sind, verlieren Jungen bei einer Neuorientierung ihrer Neigungen auch das Interesse an den bisherigen Spielgefährten und Hobby-Freunden. Das muß der persönlichen Beziehung nicht unbedingt Abbruch tun. Zwar kommt es vor, daß der Fußball-Freund nicht versteht, warum er bei dem anderen abgemeldet ist, seitdem dieser sich mehr für Volleyball oder Modellbau interessiert, oder warum der andere sich aus der bisherigen Clique zurückzieht, aber deswegen muß ja keine

Sie spielen mit Autos und Puppen, tragen Hosen und Frisuren, die sich durch nichts unterscheiden. Allenfalls durch ihre unterschiedlichen Rollen unterscheiden sich Jungen und Mädchen.

Feindschaft entstehen. Jedenfalls sind ausgesprochene Eifersuchtsanfälle, wie man sie bei Mädchen häufiger beobachten kann, bei Jungen eher selten.

Die Erklärung dafür ist leicht. Natürlich spielen auch Mädchen miteinander, aber die Freundin ist nicht nur oder in erster Linie Spielgefährtin. Sie ist als Person wichtig. Sie wird zur Vertrauten, in vielen Fällen und zu bestimmten Zeiten sogar der am meisten vertraute Mensch, manchmal wichtiger und vertrauter als die eigene Mutter.

Kinderfreundschaften

Man mag darüber streiten, ob es sich bei dem unterschiedlichen Freundschaftsverhältnis um geschlechtsspezifische Eigenarten handelt, oder ob es „gelernt" ist und überkommenen Rollenvorstellungen entspricht. Jedenfalls ist dieses unterschiedliche Verhalten durchaus auch schon bei kleineren Kindern zu beobachten, die – mindestens in der kälteren Jahreszeit in den nützlichen und wärmenden Unisex-Stepp-Overalls – äußerlich häufig kaum zu unterscheiden sind und die sich hinsichtlich der Vorlieben für das Spielzeug weitgehend angeglichen haben. Längst ist es ja nicht mehr so, daß das Kind, das mit einem Auto spielt, ein Junge sein muß, und daß Puppen grundsätzlich auf ein Mädchen schließen lassen.

Im Spiel und in der Auswahl des Spielzeugs spiegelt sich die konkrete Erfahrung der Kinder mit den Erwachsenen wider. Wo Vater und Mutter berufstätig sind und das, was sie dort tun, für das Kind wenig anschaulich ist, findet das Kind auch kaum Anreiz, sich im Spiel mit den Eltern zu identifizieren, indem es nachahmt, was es sie tun sieht. So erklärt sich zum Beispiel die Beobachtung, daß Puppen seltener zum Einüben von Pflegespielen verwendet werden, sondern häufig die Besatzung des großen Holzautos abgeben.

Die unbekannte Berufsrolle

Im Hinblick auf den Vater wissen wir längst, daß das Kind in der Identifikation mit ihm heute häufig zwei Probleme hat. Da ist die lange Abwesenheit von zu Hause während des Tages, die den Kontakt mit dem kleinen Kind auf einige wenige Stunden einschränkt. Und da ist die Unanschaulichkeit, daß das kleine Kind nur weiß, daß der Vater weggeht, aber nicht begreift, was er außerhalb der Familie eigentlich tut. Bei vielen heutigen Berufen hat man sogar Mühe, dem Kind überhaupt zu erklären, daß „Arbeiten" mehr ist als Nur-Geld-Verdienen. Die Abwesenheit und Unanschaulichkeit bestimmen mit der zunehmenden außerhäuslichen Erwerbstätigkeit auch immer häufiger die Erfahrung der Mutter durch das kleinere Kind. Dabei gilt: je abstrakter die Tätigkeit, desto größer das Problem für das Kind. Ein kleines Mädchen, das die eigene Mutter gelegentlich an der Kasse des Supermarktes sitzen sieht, hat weniger Probleme mit der Identifikation als die Gleichaltrige, deren Mutter in der Abgeschlossenheit eines Büros am Computer arbeitet oder auf einer Chefetage Manageraufgaben wahrnimmt.

Das kleinere Kind interessiert sich für alles, was es erreichen kann. Es sind meist die Erwachsenen, die ihm ganz gezielt Autos oder Puppen schenken.

Vorübungen für die Partnerschaft

Wie immer es auch zustandekommt, die Tatsache, daß Jungen und Mädchen sich in Vorlieben, Neigungen und Verhalten unterscheiden, ist unbestreitbar. Und es ist wichtig, daß Kinder diese Erfahrung schon früh machen. Denn nur wenn sie wissen, daß sie verschieden erleben, empfinden und reagieren, können sie später einmal damit umgehen, daß der Partner und die Partne-

Was die Mutter im Haushalt zu tun hat, macht nicht ihre gesamte Rolle aus. Auch die berufliche Seite ist wichtig für die Auseinandersetzung mit der weiblichen Rolle.

rin nicht immer einer Meinung sein müssen, daß sie Aspekte des gemeinsamen Lebens unterschiedlich sehen und beurteilen und sich anders verhalten. Diese Einsicht ist eine wichtigste Grundlage für das Gelingen von Freundschaften und das Zusammenleben von Männern und Frauen.

Ohne eine solche Erfahrung mit Gleichaltrigen von früher Kindheit an steht zu befürchten, daß die Vorstellungen und Erwartungen im Hinblick auf den zukünftigen andersgeschlechtlichen Freund und Lebenspartner sich ausschließlich oder doch überwiegend am einzigen nahe erlebten „Modell", am Vater oder an der Mutter, ausrichten. Wie aber soll der junge Mann oder die junge Frau, eine Generation jünger als das „Leitbild" der Partnerin oder des Partners, anders erzogen und aufgewachsen, von anderen Einflüssen geprägt, diesen Erwartungen entsprechen können.
Andere Frauen, die dem Kind begegnen, und die kleinen Mädchen, mit denen es spielt, erweitern die Erfahrung mit Frauen und relativieren so die Vorbild- und Leitbildfunktion der Mutter. Dies gilt selbstverständlich umgekehrt auch für die Männer und die Jungen als Spielgefährten.

Daß zum Kennenlernen des anderen Geschlechts auch die Erfahrung der körperlichen Unterschiede gehört, muß kaum betont werden.

Gottlob hat die Generation heutiger Eltern normalerweise ein unbefangeneres Verhältnis zum Körper als frühere Generationen. So ist es selbstverständlich, daß Buben und Mädchen zusammen in die Badewanne gesteckt werden und dort sich nicht nur gegenseitig ansehen, sondern beim gemeinsamen Plantschen und Spielen viel Spaß miteinander haben können.

Und die, die da zusammen in der Badewanne hocken, sich am Wasser und des Lebens und aneinander freuen, müssen nicht Geschwister sein. Das gemeinsame Bad im Plantschbecken an heißen Sommertagen sollte zum Programm aller Kinder gehören. Und damit das Spielhöschen nicht naß wird und der daran haftende Sand nicht das Wasser verschmutzt, hüpft man eben nackt in das Becken. Was ist dabei!

Aufklärung im Plantschbecken

Daß Kinder nicht nur entdecken, daß Buben und Mädchen verschieden sind, sondern auch fragen, warum das denn so ist, muß man erwarten. So kann denn die sogenannte Aufklärung am Plantschbecken im Garten beginnen, indem man den Kindern zugleich auch die eigene Herkunft von Vater und Mutter erklärt. Sie lernen dann, daß sie als große Leute Vater oder Mutter werden können und daß ihr Körper jetzt schon darauf vorbereitet und entsprechend verschieden ist.

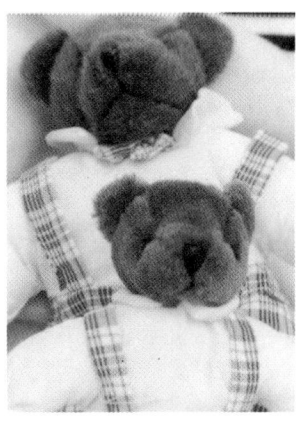

Auf Gedeih und Verderb zusammen: Geschwister. Leichter mal vor die Tür zu setzen: Freunde.

Und das Kind, das weiß oder so erfährt, daß es vor seiner Geburt im Bauch seiner Mama war und was der Vater damit zu tun hatte, versteht vielleicht besser, warum es die Eltern so lieben. Und es erlebt auch den eigenen Körper als ein Geschenk, das ihm Freude bereitet und für später große Möglichkeiten eröffnet. Wo Einzelkinder miteinander spielen, besteht ein gewisses Risiko, daß sie nämlich „Hau ab!" sagen, wenn sie sich momentan mal nicht vertragen, zumal wenn der Ort der Handlung nicht der öffentliche Spielplatz ist, dann hat eines der Kinder in der Regel sozusagen den Heimvorteil, es ist ja sein Zimmer oder sein Garten, wo man sich gerade befindet. Und der kleine „Hausherr" oder das Kind des Hauses darf entscheiden, wer in seinem Garten spielt und wer nicht. Das andere Kind muß sich dem fügen, es kann höchstens damit rechnen, daß das Kind des Hauses demnächst einmal bei ihm spielt und dann unter seinem Kommando steht.

Kinder müssen aber lernen, auch eine momentan nicht besonders befriedigende Beziehung durchzuhalten. Denn wer von klein auf daran gewöhnt ist, auf Spannungen in der Beziehung mit „Hau ab!" zu reagieren, schickt morgen vielleicht zu schnell auch den Lebenspartner oder die -gefährtin weg.

Im Augenblick sind die Folgen noch nicht so arg. Denn Kinder zanken miteinander, vergessen den Streit aber auch schnell, und häufig haben sie gar keine Alternative, als wieder aufeinander zuzugehen, wenn sie nicht allein spielen wollen.

Aber wenn es sich später um eine Liebesbeziehung handelt, in die man große Hoffnung setzt und mit der man vielleicht sogar den Wunsch verbindet, sie möge wirklich dauern, kann ein unbedachtes – weil von klein auf gelerntes – „Hau ab!" zerstörerisch wirken und zwei Menschen unglücklich machen.

Wie kommt man mit unterschiedlichen Menschen aus

Außerdem kommen alle Kinder in Situationen, in denen sie dem Umgang mit Menschen, die ihnen nicht besonders sympathisch sind, die sie nicht mögen, nicht ausweichen können. Man sucht sich die anderen Kinder im Kindergarten, die Klassenkameraden in der Schule, man sucht sich später Kollegen, Mitarbeiter und Vorgesetzte, Nachbarn und Kunden an der Ladentheke nicht aus. Und ob sie einem nun liegen oder nicht, man muß mit ihnen auskommen. Wenn es irgendwo im Betrieb eine Auseinandersetzung gab, sitzt man sich am nächsten Tag wieder am Schreibtisch gegenüber oder steht nebeneinander am Fließband. Das aber durchzuhalten, muß gelernt und geübt sein, und zwar von früher Kindheit an.

Daher müssen für das gemeinsame Spiel von mehreren Einzelkindern grundsätzlich einige Regeln gelten. Dazu gehören:

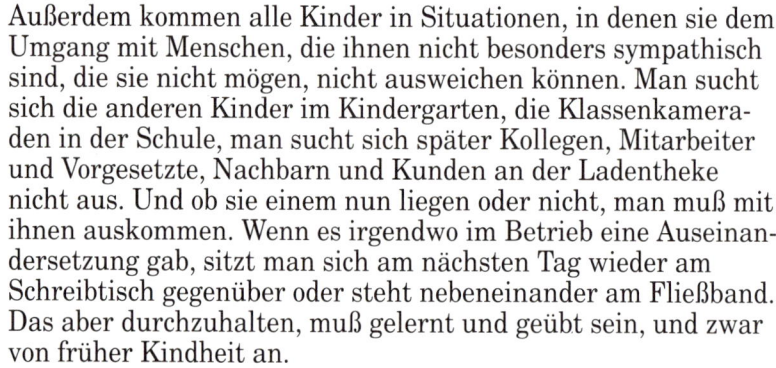

- Beim gemeinsamen Spielen, wo immer das ist, haben alle Beteiligten die gleichen Rechte. Das Kind, in dessen Zimmer oder Garten man spielt, genießt als Gastgeber keinen Vorrang.
- Niemand wird nach Hause geschickt, niemand geht vor der vereinbarten Zeit.

- Gibt es Unstimmigkeiten, versucht man diese beizulegen und gegebenenfalls einen Kompromiß zu erreichen. Der kann auch darin bestehen, daß die beteiligten Kinder im selben Raum sich auf verschiedene Weise beschäftigen, bis sie wieder etwas finden, was sie gemeinsam tun möchten oder wozu man eben Mitspieler braucht.
- Das Spielzeug gemeinsam aufzuräumen und den Raum in Ordnung zu bringen, gehört zum Spiel (und erleichtert die Bereitschaft, andere Kinder bei sich und mit dem eigenen Spielzeug spielen zu lassen, denn hinterher allein aufräumen zu müssen, schreckt ab).
- Wo immer das möglich ist, sollten Spieltreffen im „Herrschaftsbereich" der Kinder wechseln, damit jedes einmal Gastgeber sein kann und alle die Möglichkeit haben, selbst auch regelmäßig mit fremdem Spielzeug zu spielen. (Diese Regel ist freilich nicht in jedem Falle einzuhalten. Wo eine Familie etwa sehr beengt wohnt oder wo nur eine von mehreren Familien den für das Spiel im Freien ausreichend großen Garten oder Hof hat, muß es die Ausnahmen geben.)

  Es ist kaum anzunehmen, daß die Kinder von sich aus auf derartige Regeln kommen oder gar, daß sie in der Lage wären, ihre Einhaltung zu gewährleisten. Das heißt: Hier gibt es eine Aufgabe für die Erwachsenen. Sie müssen sich über die geltenden Regeln untereinander abstimmen. Und sie müssen darauf achten, daß es entsprechend diesen Regeln zugeht.
- Besonders wichtig ist dabei das Verhalten der gastgebenden Eltern. Im Streitfall zwischen den Kindern geraten sie leicht in die Gefahr, sich entweder auf die Seite ihres Kindes zu schlagen – oder ihrem Kind gegenüber besonders streng zu sein und von ihm einseitiges Nachgeben im Konflikt zu erwarten. Beide Reaktionen der Eltern können dazu führen, daß die Bereitschaft, andere Kinder zum Spielen zu sich ins Haus einzuladen oder eine solche Einladung anzunehmen, schwindet.
- Wenn Kinder auf die Spiel-Einladung anderer mit Abweisung reagieren oder den Vorschlag der eigenen Eltern, mal wieder Kinder aus der Nachbarschaft ins Haus zu holen, ablehnen, dann liegt dies nicht selten daran, daß Erwachsene sich falsch verhalten haben.

- Vor allem Eltern von Einzelkindern befürchten häufig, ihr Sohn oder ihre Tochter könnte für egoistisch gelten, und drängen darauf, daß das Kind zeigt, daß es sein Spielzeug „teilen" und ausleihen kann. Mit dem Ergebnis, daß das eigene Kind sich benachteiligt fühlt.
Es muß also fair zugehen. Alle Kinder, Gastgeber wie Geladene, sollten die Zeit des gemeinsamen Spiels, auch wenn es zwischendrin einmal „Zoff" gab, als Gewinn verbuchen. Die wichtigste Regel aber lautet:
- Man muß sich, auch beim Streit, so verhalten, daß der andere auch morgen wieder Lust hat, mit einem zu spielen. Im anderen Fall straft man sich selbst, weil man sich um den für vieles nützlichen Spielkameraden und Freund bringt.
Schließlich brauchen Kinder Kinder, weil Konkurrenz stark macht. Das weiß jeder vom Sport her, daß ein Rekordläufer eine um so bessere Zeit erreicht, je schneller die anderen Läufer sind. Und ein schneller Spitzenmann bringt die Mitläufer dazu, sich besonders anzustrengen. Eine lahme Konkurrenz dagegen ist der Tod jedes Rekordsversuchs.

Höchstleistungen kann man nur in Etappen erreichen. Von Null sofort auf Hundert zu kommen, gelingt kaum jemandem.

Auch für Kinder ist es gut, Konkurrenz zu erfahren

Zu können, was andere können, anderen zu zeigen, was in mir steckt, mich nicht abhängen zu lassen, das gilt nicht nur auf der Aschenbahn, sondern auch in vielen Bereichen der Kinderwelt. Hier ist jetzt nicht von einem ungesunden Ehrgeiz die Rede und nicht davon, daß man Kinder früh einem Leistungsdruck aussetzen solle oder dürfe.

Und wenn man Kinder miteinander vergleicht, was unwillkürlich geschieht, dann müssen die Maßstäbe stimmen. Gerade deswegen ist es so wichtig, Kinder mit Gleichaltrigen in Kontakt und in gewissem Sinne durchaus in Konkurrenz zu bringen. Das Kind lernt, daß es nicht auf allen Gebieten der Beste sein kann, daß andere ihm auch überlegen sind. Bedrückend wäre ein uneinholbarer Vorsprung des anderen. Ist der Altersunterschied zu groß, um bei den Kindern noch ein annäherndes Gleichgewicht der Kräfte und der Leistungsfähigkeit zuzulassen, und nicht groß genug, daß das Ältere bereits als Vorbild und Ansporn dienen kann, dann wirkt die Konkurrenz entmutigend.

Miteinander wetteifernde Kleinkinder stecken sich ihre Ziele selbst und ohne große Worte. Sieg und Niederlage gehören zum Sprachgebrauch der Erwachsenen.

Wenn das Kind bei einem Wettbewerb unterliegt, muß ihm die Hoffnung bleiben, auch einmal Sieger sein zu können

Das wissen wir aus der Frühförderung des Kindes. Eine Leistungsanforderung, die die Kräfte und die konkreten Fähigkeiten um ein weniges übersteigt, wirkt ermutigend. Das Kind soll die erwartete Leistung nicht ohne Mühe erreichen, aber wenn es nicht auf Anhieb klappt, muß es sich sagen können, beim nächsten Anlauf dann…

Ist dagegen die Anforderung zu hoch, hat das Kind keine Aussicht, das gesteckte Ziel je zu erreichen, sind nur zu leicht Niedergeschlagenheit und Resignation das Ergebnis. Das von sich selbst enttäuschte Kind wird wahrscheinlich nicht einmal mehr das versuchen, was es ohne weiteres erreichen könnte. Dies müssen vor allem Väter und überhaupt besonders sportlich eingestellte Eltern bedenken, denen oft noch beigebracht wurde, um viel zu erreichen, müsse man sich die Ziele möglichst hoch stecken. Diese Behauptung hat mehr Entmutigung als Rekorde zur Folge gehabt. Auch Höchstleistungen lassen sich nur erreichen, wenn man mit Etappen rechnet. Ein Wanderer muß

Kinder sind unterschiedlich und entwickeln sich unterschiedlich. Wenn man das eigene Kind beständig mit anderen vergleicht, übersieht man leicht, was es an wirklichen Qualitäten zu bieten hat.

schließlich sein Ziel kennen, aber um es wirklich zu erreichen, muß er wissen, in wie viele Einzelstrecken oder Tagesmärsche er den Weg einteilen muß. Und ein guter, kräftiger Wanderer und ein Fußlahmer unterwegs, das geht kaum gut.

Eine ihm entsprechende, es nicht erdrückende, also faire Konkurrenz mit Gleichaltrigen ist für das Kind schon früh wichtig, damit es lernt, seine eigenen Kräfte anzuspornen, sich selbst durchzusetzen, seine Ansprüche und Bedürfnisse geltend zu machen und sich nicht immer unterkriegen zu lassen. Dabei geht es nicht nur um den Sport, sondern um alle Gebiete, auf denen Kinder wetteifern können.

Entwicklung verläuft verschieden

Dieses Wetteifern ist bei kleinen Kindern durchaus nicht als Kampf zu verstehen. Sie spielen miteinander, und sie stellen fest, was der eine besser kann als der andere. Dabei werden sie herausfinden, daß die Begabungen durchaus unterschiedlich sind und jedes Kind seine eigenen Stärken und Schwächen hat. Für das auf einem Gebiet weniger erfolgreiche Kind kann dies ein Ansporn sein, sich mehr zu bemühen. Oder aber es lernt, daß man im Hinblick auf das, was man nicht selbst oder nicht allein erreicht, den anderen um Hilfe bitten kann.

Aber es lernt auch, sich zu wehren, wenn eines der Kinder aufgrund tatsächlicher oder vermeintlicher Überlegenheit eine Vorrangstellung beansprucht oder die Bedürfnisse und Ansprüche der anderen ignoriert. Zu beachten ist, daß auch gleichaltrige kleine Kinder sehr unterschiedlich sein können. Einmal macht in diesem Alter ein Vorsprung von einigen Monaten schon einiges aus, denn die Entwicklungsfortschritte bzw. -rückstände sind ja offensichtlich. Zum anderen verläuft auch die normale Entwicklung bei jedem Kind verschieden und verschieden schnell.

Kinder nicht miteinander vergleichen

So sagt man Mädchen eine frühere Entwicklung des Gleichgewichtssinnes nach, was dazu führt, daß sie häufig eher als gleichaltrige Jungen das Laufen lernen. Aber auch Jungen unter sich weisen durchaus verschiedene Entwicklungsgeschwindigkeiten auf.

Eltern, die ihr Kind mit anderen des gleichen Alters vergleichen, sind manchmal beunruhigt, wenn sie feststellen, daß diese ihrem Kind voraus sind. Sollte ihr Kind weniger tüchtig, weniger begabt sein? Haben sie es vielleicht zu wenig gefördert?

Früh- und Spätentwickler

Grundsätzlich gilt, daß die Entwicklungsgeschwindigkeit in der frühen Kindheit keinerlei Rückschlüsse auf Veranlagungen, Begabungen und Lebenstüchtigkeit zuläßt. Jedes Kind bringt sozusagen sein eigenes Tempo mit auf die Welt, und danach richtet es sich. Außerdem gibt es bei Kindern verschiedene Begabungsrichtungen und -Schwerpunkte, die sich auch bei Kleinkindern schon auswirken, ohne jedoch schon deutlich erkennbar zu sein.

Es ist also normal, daß sonst gesund entwickelte gleichaltrige Kinder sich in dem, was sie können und fertigbringen, unterscheiden, ohne daß dies etwas über ihre Veranlagung besagt. Entsprechend sind Aussagen darüber, was ein Kind wann „können" muß, manchmal unsinnig, in jedem Fall aber höchstens recht unverbindliche „Richtwerte".

Kein Grund zur Panik also, wenn der eigene Sohn oder die eigene Tochter zu den sogenannten Spätentwicklern gehört. Falsch wäre es auf jeden Fall, das Kind aus dem Ehrgeiz, daß es nicht hinten anstehen soll, irgendwie zu trimmen oder zu früh zu beginnen, es „systematisch zu fördern". Die beste Förderung des Kindes besteht darin, daß man seine Umgebung möglichst anregend gestaltet, damit es lernt, vieles in sich aufzunehmen und sich damit zu beschäftigen.

Sprachliche Fähigkeiten

Eine der Hauptbesorgnisse der Eltern richtet sich auf die Sprache. Was kann das Kind wann schon sagen. Spricht es schon richtige Wörter, benennt es die Dinge mit Namen oder verballhornt es die Wörter, hängt es vielleicht sogar noch in der Lautmalerei fest? Normal ist, daß das Kind mit der Lautmalerei beginnt, in der es das richtige Aussprechen von Lauten, Laut-Kombinationen und Silben lernt, daß es dann anfängt, Wörter nachzuahmen, wobei das Ergebnis anfangs meistens geraten werden muß und vor allem die Silben öfter vertauscht werden (so daß aus dem Waschlappen der Lappwaschen wird). Und schließlich spricht es die Wörter richtig aus und beginnt, einfache Sätze zu formen.

In anderem Zusammenhang ist schon darauf hingewiesen worden, was alles die Sprachentwicklung eines Kindes beeinflußt, und daß besonders die vom Kind in seiner Umgebung gehörte Sprache sich auswirkt.

Wenn die organischen Voraussetzungen beim Kind in Ordnung sind (und hier ist eher an das Ohr als an die Stimme zu denken), braucht man sich, was das Erlernen der Sprache angeht, keine unnötigen Sorgen zu machen, wenn das Kind sich beim Übergang von einer Entwicklungsstufe zur anderen Zeit läßt.

Kinder als Sprachlehrer

Kinder, die viel mit anderen Kindern zusammen sind und miteinander reden, sich erzählen, werden füreinander zu wichtigen Sprachlehrern, die überdies den Vorzug haben, daß sie häufig besser zu verstehen sind als die Erwachsenen mit ihrer „Großen-Sprache".

Unterschiedlichkeit in der Entwicklung, beruhe sie nun auf einem Altersunterschied oder darauf, daß das eine Kind eben „schneller" ist als das andere, kann bei der Ausbildung der sozialen Verantwortung eine Hilfe sein. Ein Satz wie: „Du bist schon groß, du kannst dem Kleinen das schon zeigen, ihm mal helfen", gibt einem Kind, das so angesprochen wird, Selbstbewußtsein. Dieses „Hilf dem Kleinen" ist ein Appell an den noch ruhenden Verantwortungssinn.

Kinder als Beschützer

Was in der Familie mit mehreren Kindern selbstverständlich geschieht, daß nämlich das ältere Kind mit der Aufsicht und einer gewissen Verantwortung für das kleinere beauftragt wird, das können gemeinsam im Sandkasten oder auf dem Rasen miteinander spielende Einzelkinder auch erlernen. Das Kind, das sich überlegen, schon „größer" und stärker weiß, fühlt sich dafür zuständig, dem kleineren Kind zu helfen, es wieder auf die Beine zu stellen, wenn es umgefallen – oder umgerannt worden – ist, es zu trösten, wenn es sich wehgetan hat und weint. Und das kleinere entdeckt, daß es in Gegenwart des anderen Kindes weniger Angst haben muß, daß es sich sicherer fühlen kann.

Später, wenn der Fünfjährige und der Dreijährige ihre ersten Unternehmungen auf eigene Faust starten, macht das ältere Kind die Erfahrung, daß es auf das kleinere Rücksicht nehmen muß und es nicht überfordern darf. Damit schützt es jedoch auch sich selbst davor, sich zuviel zuzumuten. Dabei tut die Bewunderung des Kleinen, „was der sich alles traut", dem Größeren gut.

Hilfsverhältnis auf Gegenseitigkeit

Und das gilt grundsätzlich: Kinder tun Kindern gut – wenn sie die richtigen Bedingungen haben. Und wenn sich die Erwachsenen mit ihren Vorstellungen, wie Kinder sein, was sie leisten und können sollen, und mit ihren Vorurteilen nicht einmischen.

Übrigens, Kinder in Kontakt zu bringen und sie miteinander spielen zu lassen, tut nicht nur den Kindern, sondern auch den Erwachsenen gut, die diese Kinder betreuen. Denn während die Kinder miteinander spielen, sitzen die Erwachsenen in der Regel ja nicht stumm dabei. Da kommt die junge Mutter des einen Kindes mit der Großmutter des anderen ins Gespräch, da tauschen sich ein paar Hausmänner über ihre Erfahrungen und zuweilen Frustrationen aus. Und da kann man vorübergehend sein Kind auch einmal „ausleihen": „Würden Sie bitte in der kommenden halben Stunde mit auf meine Kleine achten, ich hätte etwas zu erledigen." Das bringt konkrete Hilfe und Erleichterung, daraus kann ein Hilfsverhältnis auf Gegenseitigkeit entstehen – z. B. die abwechselnde Begleitung der Kinder zum Kindergarten oder der Hol- und Bringedienst, bei dem die Kinder „kutschiert" werden müssen. Und manchmal wird aus dieser Begegnung am Sandkasten so etwas wie eine Frauen- oder sogar eine Familienfreundschaft.

Und dem eigenen Kind tut es gut zu sehen, daß die Mutti oder der Papa sich auch einmal um ein anderes Kind kümmert, ihm die Nase putzt oder es tröstend auf den Schoß nimmt, wenn es sich wehgetan hat oder der „mal rasch irgendwohin gegangenen" Mutter hinterherweint. Dann drängt es das eigene Kind, der Mama beim Trösten zu helfen, der Kleinen die Tränen abzuwischen und sie durch gemeinsames Spielen vom momentanen Kummer abzulenken.

Man könnte auch sagen, daß in solchen Situationen Hilfsbereitschaft und Nächstenliebe zu sprießen beginnen.

Kinder brauchen eben Kinder, um Menschen zu werden.

Wenn Kinder streiten

Ihr Problem ist nicht, daß sie streiten. Ihr Problem ist, daß sie es nicht können. Dieser Satz gilt für viele Menschen. Zum Beispiel auch für viele Ehepaare und die Eltern unserer Kinder. Und er gilt auch für die Kinder.
Wenn Kinder streiten, das kam früher schon einmal vor, haben sie dafür meistens einen von drei Gründen – manchmal auch mehrere zusammen.

Ursachen für den Streit

Der häufigste Grund ist der Streit um das Spielzeug, um das bessere Spielen, um das Mitspielen-Mögen und Ausgeschlossenwerden. Da braucht der eine, um sein Spiel möglichst perfekt zu machen, ein Teil, das dem anderen gehört oder mit dem der gerade spielen will. Da möchte sich das dritte Kind an einem Spiel beteiligen, das nur für zwei Mitspieler gedacht ist. Da versteht das eine Kind, das eben noch als Mitspieler gebraucht wurde, nicht, warum es beim neuen Spiel zuschauen soll. Das gibt Ärger, und solange sie streiten, bleibt das Spiel auf der Strecke.

Der zweite Grund liegt in unterschiedlichen und gegensätzlichen momentanen Bedürfnissen, Neigungen und Vorlieben der verschiedenen Kinder, die nicht miteinander vereinbar sind. Das eine Kind will z. B. spielen, das andere möchte aber lieber eine Geschichte von der Kassette hören. Da stört der Lärm des Spiels das hörende Kind, und das spielende Kind ist sauer, weil das andere eigentlich als Mitspieler gebraucht würde, aber nicht mitspielt, weil es „diese blöde Kassette" hören muß.

Der dritte Grund schließlich hat mit persönlichen Abneigungen zu tun und spielt meistens im Hintergrund. In einer Familie mit mehreren Kindern tritt er häufig in Form einer Geschwisterrivalität auf. Da ist das Töchterchen, das durch das neue Kind von seinem Stammplatz auf Mutters Schoß vertrieben wurde. Da ist der Jüngere, der so sehr im Schatten des tüchtigeren größeren Bruders lebt. Da ist der Älteste, der das Gefühl hat, seine kleineren Geschwister hätten ihm die Eltern gestohlen, die hätten kaum mehr Aufmerksamkeit und Zeit für ihn. Da ist der etwas „langsamere" Bub, der befürchtet, seine clevere jüngere Schwester könnte ihn überrunden und abhängen.

In diesen und ähnlichen Fällen kann es passieren, daß das sich zurückgesetzt fühlende rivalisierende Kind den „Verdränger" mit seiner Abneigung verfolgt. Und dort, wo zwischen Geschwistern eine Dauerfeindschaft besteht, liegt der Verdacht nahe, daß es sich um eine Art Eifersucht und um einen Positionskampf handelt, bei dem es um die Stellung in der Liebe und Fürsorge der Eltern geht.

Ein „Schlag" für Mamas Liebling

Dies alles geschieht aber nicht offen, sondern verdeckt. Und das hat mehrere Gründe. Zum einen wagt das sich zurückgesetzt oder benachteiligt fühlende Kind natürlich nicht, Papas oder Mamas „Liebling" direkt anzugehen: Es müßte ja damit rechnen, daß die Eltern sich offen auf die Seite des angegriffenen Kindes stellten. Damit wäre aber seine eigene Position unhaltbar. Da ist es geschickter, das andere Kind zum Streit zu provozieren, um als selbst Angegriffener Schutz bei den Eltern suchen zu können. Wobei Vaters und Mutters Liebling auch automatisch in die Rolle des Friedensstörers und Bösewichts gerät. Das Kind macht den Versuch, sich die Sympathie und Zuwendung der Eltern zu erhalten oder wieder zu erwerben, indem es den vermeintlichen Favoriten ins schlechte Licht rückt.

Eine andere Ursache dafür, daß dies hintenherum geschieht, liegt darin, daß dem Kind der Grund für seine feindselige Stimmung dem bevorzugten Konkurrenten gegenüber nicht einmal bewußt ist. Ein Kind, das ein anderes als „böse" denunziert, ist meistens davon überzeugt, daß dieses Kind auch „böse" ist, weil es das selbst so empfindet. Daß dies mit seiner „Entthronung" oder damit zu tun hat, daß es eine schwache Position in der Geschwisterreihe einnimmt, weiß es selbst nicht einmal.

Hier spielt sich genau das gleiche ab wie in so manchen Konflikten von Erwachsenen: Man verwechselt Streitgrund und Streitanlaß. Wenn ein Ehepaar sich gut versteht, ertragen die Partner einander und die beiderseitigen Fehler und Schwächen mit Geduld und sind bereit, sich gegenseitig ihre Enttäuschungen und Verletzungen zu verzeihen. Ist die Beziehung zwischen ihnen aber gespannt oder gestört, dann reichen Kleinigkeiten, die

Der Große würde sich mehr zutrauen, wenn er den Kleinen nicht im Schlepptau hätte. So mindert der Kleine unfreiwillig die Risikobereitschaft des Großen.

sonst kaum der Rede wert gewesen wären, einen ernsthaften Streit, sogar eine Krise auszulösen.

Streit mit der Konkurrenz

So ist es auch mit den Kindern: Weil das entthronte oder sich sonstwie zurückgesetzt fühlende Kind unglücklich ist, den Grund dafür bei dem sieht, der es verdrängt hat, reicht der geringste Anlaß, den Konkurrenten ins Unrecht zu setzen und mit ihm zu streiten.

Aber nicht immer ist der, an dem man leidet, auch der, an dem man seine Enttäuschung ausläßt. Unter Erwachsenen hört man gelegentlich den Satz: „Weil er seinem Chef nicht sagen darf, was er von ihm hält, sagt er seiner Frau, was er davon hält, daß das Abendessen nicht auf dem Tisch steht." Der Ärger, der von anderswo stammt, wird in der Familie abgeladen.

So erleben jüngere Kinder in der Familie oft, daß sie abkriegen, was der ältere Bruder oder die große Schwester eigentlich anderen zugedacht hatten. Sei es, daß der Älteste seine Enttäuschung über die Eltern, von denen er sich nicht verstanden fühlt, bei den jüngeren Geschwistern abládt. Sei es, daß der

„Entthronte", weil er sich an das Kleinere nicht heranwagt, nun seinen ständigen Zwist mit dem „Großen" sucht, um dann schutzsuchend zu den Eltern flüchten und so deren Beistand gewinnen zu können.

Dieses Verfahren nennt man auch „Streit auf Nebenschauplätzen". Und das unterläuft nicht nur Kindern, sondern auch Erwachsenen. So manchen Rüffel stecken Kinder ein, weil sie dem Erwachsenen auf die Nerven gehen, nachdem sich der zuvor entweder über den Partner oder die Partnerin, über eines der größeren Kinder oder über die Nachbarschaft geärgert hat. Hätte es diesen Ärger nicht gegeben, wäre in den meisten Fällen wohl auch der Rüffel ausgeblieben.

Den Ärger einfach weitergeben, den das Kind anders nicht loswerden kann

Alles dies kann auch dort geschehen, wo nicht Geschwister, sondern Einzelkinder aus verschiedenen Familien miteinander zu tun haben. Da genügt es dem kleinen Eifersüchtigen, daß die Mutter sich mehr als ihm recht ist mit einem anderen Kind abgibt. Da kriegt das Nachbarskind den Ärger ab, den der Spielkamerad bei seiner Mutter oder Großmutter nicht loswerden kann. Und vor allem, wenn eines der Kinder, die regelmäßig zusammenspielen, sich plötzlich verstoßen fühlt.

Neugier, Neid und Konkurrenz müssen von den Erwachsenen verstanden werden

Die Neugier der anderen auf das neue Baby, ihr Neid und der lauthals bekundete Wunsch, so etwas Schönes auch haben zu wollen, tun anfänglich gut. Aber wenn das Kind dann merkt, daß das Geschwisterchen keine reine Freude ist, sondern manchmal störend, wenn es immer wieder hinter dem Schreihals – „Du bist doch schon groß!" – zurückgesetzt wird, dann stößt ihm das ständige Fragen der Spielkameraden im Kindergarten oder auf dem Bolzplatz, was denn das Baby mache, sauer auf.
Die anderen Kinder, die vielleicht nur zu gern auch noch ein Brüderchen oder Schwesterchen hätten, und die sogar ihre Eltern deswegen beknien, können natürlich nicht begreifen, was so ein blöder Kerl nur gegen so ein süßes Baby haben kann. Und sie stellen ihn in die entsprechende Ecke.

Wenn das Kind den Ärger über die Mutter oder den Vater nicht direkt loswerden kann, bekommt ihn „das Spielzeug zu spüren".

Kinder, die nicht streiten können

Streitende Kinder sind nicht bequem und angenehm. Sie stören den Frieden in der Familie oder im Sandkasten. Und deswegen hätten die Erwachsenen sie meistens lieber friedfertig. Tatsächlich gibt es ja auch Kinder, die dem Streit aus dem Weg gehen. Sie scheinen angenehm und umgänglich. Aber sie sind besorgniserregender als ausgesprochene Streithähne.

Streitunfähigkeit äußert sich zum einen darin, daß ein Kind sich nicht wehrt und sich alles gefallen läßt. Es merkt bald, daß es so die Sympathie der Erwachsenen auf sich zieht. Dafür nimmt es die Ungerechtigkeiten und die Unterdrückung durch andere Kinder in Kauf, und die Erwachsenen liefern ihm dazu auch noch eine Begründung: „Der Klügere gibt nach!" Und wer möchte schon nicht der Klügere sein.
Daß man sich nicht auf eine Rangelei mit einem wesentlich stärkeren Kontrahenten einläßt, gebietet zwar die Vernunft, aber Kinder haben die dafür nötige Erfahrung meistens noch nicht. Nur wenn sie versucht haben, sich auch den Größeren gegenüber durchzusetzen, und dabei gescheitert sind, lernen Kinder, wann sie mit Aussicht auf Erfolg streiten können, wann sie besser den offenen Konflikt vermeiden.

Manche Kinder aber machen diese Versuche erst gar nicht. Sie ziehen sich sozusagen in sich selbst zurück und gehen den anderen aus dem Wege. Auch ermutigendes Zusprechen der Erwachsenen lockt sie kaum aus ihrem Schneckenhaus. Und wenn sie herauskommen, dann nur gegen die Zusage des elterlichen Eingreifens, „wenn dir einer was tut".
Über die Gründe dieses Verhaltens kann man nur spekulieren: Hat das Kind einmal negative Erfahrungen mit Größeren und Stärkeren gemacht? Ist es sonst übermäßig ängstlich und unsicher? Haben die Eltern aus Angst und Sorge es zu sehr behütet und ihm damit keine Gelegenheit gegeben, Selbstvertrauen zu entwickeln?
Andere streitunfähige Kinder lassen sich zwar nicht alles gefallen. Sie verzichten aber darauf, eigene Ansprüche direkt geltend zu machen und ihre Bedürfnisse und Neigungen einzufordern. Vielmehr wehren sie sich gegen Übergriffe oder auch nur Ansprüche der anderen mit Weinen und Geschrei und versuchen, sich so durchzusetzen.

Wer anderen freiwillig und ohne Gebrüll seine Sachen überläßt, ist brav und erfreut die Eltern. Aber was wird sein, wenn dieses Kind erwachsen ist.

Der Weg dahin führt über die Erwachsenen. Diese Kinder lassen sozusagen die Großen für sich kämpfen. Denen nämlich gehen das Geschrei und das Gejammer auf die Nerven. Besonders die Eltern jenes Kindes, über das das Weinende sich beklagt, reagieren häufig sehr empfindlich. Sie möchten ja nicht, daß ihr Bub oder das Töchterchen in den Ruf gerät, andere Kinder zu malträtieren. Also versuchen sie, auf ihr Kind einzuwirken, zurückzustecken oder eben mit diesem „mimosenhaften" Kind nicht mehr zu spielen, damit es keinen Ärger gibt.

Streitunfähige Kinder tragen ihre Konflikte hintenherum aus – später nennt man das „Intrige".

Dieses Verhalten des streitunfähigen Kindes führt entweder dazu, daß es sich von den anderen Kindern zurückzieht oder daß diese es links liegenlassen, also in die Isolierung, oder dazu, daß das Kind lernt, daß man eine Auseinandersetzung mit anderen nicht nur in der offenen Konfrontation bestehen, sondern sie auch hintenherum gewinnen kann, indem man den Kontrahenten ins Unrecht setzt und Sanktionen an sich Unbeteiligter gegen ihn auslöst. Hier haben wir sozusagen das Grundmodell der Intrige und des Intrigierens vor uns. Zunächst geschieht dies unbeabsichtigt aufgrund der eigenen Schwäche. Aber bald ist gelernt, daß man dies auch als Methode bewußt einsetzen kann. Und dann geschieht es – zum Schaden der Beziehung zu den an-

Sobald sie streiten, kommt ein Erwachsener vorbei und trennt sie. Und wenn sie sehr streiten, sagt der Erwachsene: „Mit dem darfst du nicht mehr spielen!"

deren Menschen, mit denen man zusammenleben muß, und denen man nicht ausweichen kann.

Es geschieht vor allem aber zum Schaden des Betreffenden selbst, der immer wieder in die Gefahr gerät, durch seine Neigung zum „Hintenherum" die Sympathie, das Vertrauen und die Anerkennung anderer zu verspielen. Besonders schlimm wird es dann, wenn die „Mimose" die Gründe für ihre Isolierung ausschließlich bei den anderen sucht und sich in die Rolle der unverstandenen und verfolgten Unschuld hineinsteigert.

Sieg oder Unterwerfung

Von einem dritten Typ streitunfähiger Kinder muß noch gesprochen werden. Es ist der sogenannte „Bestimmer". Das ist das Kind, das sich nirgendwo einordnen kann und im Zusammensein mit anderen grundsätzlich die Führung beansprucht. Von diesem Kind kann man kaum sagen, daß es dem Streit aus dem Wege ginge, vielmehr sucht es die Auseinandersetzung bzw. kämpft dauernd, um die Machtposition zu erreichen oder zu verteidigen. Seine Streitunfähigkeit liegt darin, daß es im Konfliktfall andere Lösungsmöglichkeiten als Sieg oder Unterwerfung nicht kennt oder zuläßt, also einvernehmliche Lösungen oder Kompromisse nicht akzeptiert. Entsprechend ist in einer Gruppe von Gleichaltrigen seine Position klar, entweder ist es der Chef oder der verbissene Opponent.

Was es dazu bringt, Bestimmer sein zu wollen, ist verschieden. In manchen Fällen ist es darauf zurückzuführen, daß das Kind – vor allem Jungen neigen dazu – in seiner Familie und seiner Umgebung besonders hofiert wurde: weil es aus einer „besonderen Familie" stammt, weil die Eltern großes Ansehen genießen, weil es außergewöhnlich tüchtig ist und sich anderen überlegen fühlt, weil die Eltern ihm zu sehr zeigen, wie stolz sie sind.

Der ganze Stolz der Eltern versucht sein Glück auf dem Spielplatz mit den selben Methoden, die zu Hause funktionieren.

In anderen Fällen reagiert das Kind auf Unterlegenheitsgefühle, indem es den Starken und Tüchtigen herauskehrt, der es den anderen zeigen will. Da kann es zum Beispiel eine Rolle spielen, daß das Kind zunächst der ganze Stolz seiner Eltern war und dann erleben mußte, wie später noch weitere Kinder geboren wurden, die nun die Aufmerksamkeit und Zuwendung der Eltern auf sich zogen. Die Reaktion: „Jetzt sagen sie mir, daß ich schon groß und selbständig bin, dann sollen sie es auch erleben, aber sich dann nicht beschweren."

„Rollenspiele"

Und gar nicht so selten ist auch die Hybris von der natürlichen Überlegenheit des Mannes im Spiel. Denn immer noch gilt bei vielen Eltern die Geburt des Stammhalters als ein besonderes Glück. Da genießt der Sohn denn auch mancherlei Vorzüge gegenüber den Mädchen. Ist er nun auch noch der Erstgeborene, kommt er in der Familienhierachie gleich nach Vater und Mutter (oder eigentlich sogar noch vor der Mutter). Die Mädchen haben ihn anzuerkennen und sich zu unterwerfen, wenn sie in Ruhe gelassen werden wollen. Und wie der Vater sich als Herr des Hauses aufführt und die Frauen sozusagen als die Dienerinnen der Familie behandelt, so fühlt sich der Sohn als Juniorchef. Der sieht sich in Abwesenheit des Vaters als dessen berufenen Stellvertreter (auch wenn er diese Rolle der Mutter gegenüber vorsichtshalber doch nicht so deutlich zeigt), und außerdem muß er dann als „einziger Mann" der Übermacht der Frauen, von Mutter und Schwestern, standhalten und darf sich nicht unterkriegen lassen.

Daheim ist das Kind Juniorchef und Miniboss – auf dem Spielplatz sind die Rollen anders verteilt.

Was Wunder also, daß er die Rolle, die er in der Familie gelernt hat, auch dann beibehält, wenn er außerhalb der Familie in Gruppen mit anderen Menschen zusammen ist, im Kindergarten, in der Schule, im Sportverein oder im Hobbyclub. Dort unterscheidet er die anderen nach zwei Kriterien: Untertanen oder Feinde. Wer bereit ist, ihm zuzustimmen und sich zu unterwerfen, der kann auf seine Unterstützung und Hilfe rechnen, sogar auf Fürsorge und Verantwortung. Aber wer dazu nicht bereit ist, den muß er bekämpfen. Der Ausgang eines Konfliktes wird bewertet unter den Aspekten von Sieg oder Niederlage.

Die hier beschriebenen drei Typen von streitunfähigen Kindern korrespondieren mit bestimmten Familientypen. Kinder, die sich alles gefallen lassen, und die, die ihre eigenen Bedürfnisse nicht durchsetzen können, sind überwiegend allein aufgewachsen, ihnen fehlen meistens Geschwister. Bei den Bestimmern dagegen muß man stärker unterscheiden. Den in der Familie besonders Hofierten findet man sowohl unter den Einzelkindern als auch unter Geschwisterkindern. Der Entthronte, der es jetzt den anderen zeigen will, reagiert damit ja auf die Ankunft jüngerer Geschwister. Und der Macho, der Juniorchef, schließlich findet sich vor allem dort, wo nach ihm noch Töchter gekommen sind.

Warum sie nicht streiten können

Wenn Menschen nicht streiten können, dann hat das seine
Gründe. Und die Gründe für die Streitunfähigkeit der Kinder
liegen vor allem bei den Eltern und Erziehern.

Kinder sind sozusagen die Lehrlinge ihrer Eltern. Sie sehen, wie
diese sich verhalten, und ahmen es nach. So lernen sie vieles
ganz von selbst, ohne daß man es ihnen beibringen muß.
Eigentlich sollten die Kinder von ihren Eltern auch lernen, wie
man richtig streitet.
Aber die Eltern haben meistens noch gelernt: „Wenn ihr schon
einmal streiten müßt, und das kommt ja in der besten Ehe vor,
dann macht das nicht vor den Augen und Ohren der Kinder!"
Und deswegen versuchen sie nach Möglichkeit, ihre Auseinandersetzungen vor den Jüngeren zu verbergen, schon um sie nicht
zu beunruhigen.
Aber meistens gelingt das nicht. Kinder spüren sehr genau, ob
die Atmosphäre und das Klima zwischen den Eltern harmonisch
oder gespannt ist. Und eine erspürte, aber nicht bekannte Span-
nung zwischen den Eltern ist für Kinder sicher beunruhigender
als das Geständnis, daß Vater und Mutter momentan einmal
Schwierigkeiten miteinander haben, aber sich bemühen, damit
fertig zu werden.

Der Streit, der nur in der Luft liegt, verstört ein Kind mehr als der Einblick in einen begrenzten Ehestreit.

Mißverständnisse, Enttäuschungen und Verletzungen bilden einen Vulkan

Die Erwachsenen haben häufig noch gelernt, daß es in einer Familie harmonisch zugehen müsse und daß es vor allem auf die
Friedfertigkeit ankomme. Auch dort, wo heutige Väter und Mütter es von ihren Eltern schon anders hörten, machten sie oft die
Erfahrung, daß die Älteren bei ihren Konflikten sich doch nach
den alten Regeln richteten. Seit Generationen eingelerntes Verhalten läßt sich eben nicht so leicht überwinden.

Auch das Wissen um die Notwendigkeit eines Streits schützt nicht vor Fehlern

Das Ergebnis ist, daß auch bei modernen jungen Eltern Widersprüchlichkeiten vorhanden sind. Die Vorstellung, daß Streiten
böse oder gar des Teufels sei, haben sie überwunden. Sie wissen,

daß Streiten unvermeidbar ist, wenn eine Beziehung nicht von dem Berg unaufgearbeiteter Mißverständnisse, Enttäuschungen und gegenseitiger Verletzungen erstickt werden soll.

Aber dennoch haben sie meistens Angst davor mit dem Ergebnis, daß die Chance, einander kritische Dinge zum richtigen Augenblick zu sagen und sie damit auch zu klären, aus lauter Harmoniebestrebung vertan wird und sich alles mögliche anstaut, so daß es dann irgendwann zu einer Eruption kommt, die nicht mehr gesteuert werden kann.

Ruhe und Frieden über alles?

Neben der grundsätzlichen Abneigung gegen das Streiten, weil man dies für ungehörig oder schädlich hält, tragen aber auch noch andere Faktoren zur Streitunfähigkeit bei. Da ist zum einen der Wunsch nach Ruhe im Haus. Wenn Kinder streiten, geht das meistens nicht ohne einigen Lärm, ohne Schreien und Geheul ab. Das verletzt einerseits das Bedürfnis der Erwachsenen nach Harmonie und geht ihnen andererseits leicht auf die Nerven, vor allem, wenn diese ohnehin angespannt sind. Dann lautet der Befehl: „Ihr sollt doch nicht streiten!" Oder man fragt mißbilligend: „Müßt ihr denn immer streiten?" Oder die Mutter faßt sich an die Stirn und jammert: „Mein Kopf!" Beim Kind kommt dies so an: Streiten ist verboten. Streiten ist nicht lieb.

Wer streitet, macht der Mutti Kopfschmerzen!

Das Ergebnis: Das Kind will nichts Verbotenes tun, es will ja nicht böse sein und der Mutter Schmerzen bereiten, also versucht es, den Streit zu vermeiden. Es schluckt also herunter, was es eigentlich loswerden möchte. Bis dies dann nicht mehr geht und nun bei irgendeiner Gelegenheit – meistens zum falschesten Zeitpunkt – alles, was geschluckt und geschluckt wurde, sich Luft macht. So wie bei einem allgemein als friedlich geschätzten kleinen Mädchen, das plötzlich aus fast nichtigem Anlaß, der jüngere Bruder hatte es unbeabsichtigt angestoßen, um sich schlägt. Diese Reaktion der Schwester steht in keinem Verhältnis zu dem, was passiert ist. Und entsprechend fallen die Abwehr des Bruders und der Tadel der Eltern aus.

Das Mädchen aber fühlt sich ungerecht behandelt, weist die Zurechtweisung zurück und bestätigt damit den Verdacht der Eltern, daß es „von Zeit zu Zeit bockig" sei.

Harmonie bis zur großen Enttäuschung

Die Parallelen zum Verhalten vieler junger Paare, eben auch junger Eltern, sind deutlich zu erkennen. Aus lauter Harmoniebedürfnis wird zunächst alles, was die Harmonie trüben könnte, unter den Teppich gekehrt. Nur: Wer alles unter den Teppich kehrt, kriegt eines Tages die Tür nicht mehr auf. Dann muß der Teppich hochgenommen werden, und zum Vorschein kommt alles das, was man bisher nicht wahrhaben wollte. Dann wird man überwältigt von Ratlosigkeit, Verzweiflung, Hilflosigkeit und gegenseitiger Enttäuschung, und man fragt, ob es bei diesem Unrat noch weiter miteinander gehen kann.

Streit vermeiden führt nicht zum Frieden, sondern bestenfalls zu einer Vertagung, meistens aber zum unkontrollierten Ausbruch verletzter Gefühle, und gegen diesen Gefühlsausbruch ist man dann oft machtlos.

Aber nicht nur Streitverbot und Streitvermeidungstendenzen der Erwachsenen beeinträchtigen die Streitfähigkeit der Kinder.

Von besonderer Bedeutung ist hier, wie in vielen anderen Bereichen, das elterliche Vorbild, das allerdings häufig nicht besonders positiv ausfällt. Wo Kinder den Streit der Eltern als Haßausbruch erleben und wo sogar geschlagen wird, dort sind zwei verschiedene Reaktionen der Kinder möglich: daß sie das Verhalten der Eltern übernehmen und sich im Streit mit Geschwistern und Spielkameraden gewaltsam durchzusetzen versuchen, oder daß Streit ihnen Angst macht und sie ihm deshalb aus dem Weg zu gehen versuchen.

Wo das Hamoniestreben die Schmerzgrenze übersteigt, wird aus dem lange überfälligen Streit ein Haßausbruch.

Streit um Erziehung – Streit ums Geld

Diese Angst bezieht sich nicht unbedingt auf die Gewalttätigkeit, die fast immer zu einer momentanen Solidarisierung der Kinder mit dem Unterlegenen, vielleicht Geschlagenen, führt. Derartige Ausbrüche werden von Kindern so verstanden, daß Vater und Mutter einander nicht mehr lieben. In einer Gesellschaft, in der schon Kindergartenkinder andere Kinder kennen, deren Eltern geschieden sind, ist es fast unvermeidbar, daß die Kleinen, wenn die Großen sich schwer streiten, die Ehe, die Familie und damit ihre Geborgenheit bedroht sehen, vor allem, wenn sie sich vielleicht selbst noch die Schuld am Zerwürfnis der Eltern zuschreiben. Das ist zum Beispiel bei Kindern nach der Scheidung der Eltern zu beobachten.

Alle Kinder haben Angst vor Scheidung

Der eigentliche Grund für die Auseinandersetzungen und den Streit der Eltern liegt in der gestörten Beziehung, aber darüber wird kaum gesprochen, sei es, daß man sich scheut, sei es, daß man die Zusammenhänge selbst nicht so genau sieht. Also verlegt man den Streit auf einen Nebenschauplatz. Nach dem Geld sind die Kinder beim Streit zwischen Eheleuten das Hauptthema. Für das Kind, das mitkriegt, daß die Eltern sich seinetwegen streiten, liegt der Gedanke nahe, wenn sie mich nicht hätten, müßten sie nicht so oft streiten und dann hätten sie sich noch lieb. Ich bin an allem schuld.

Manchmal bringen die Kinder die Erwachsenen ja auch zur Vernunft, wenn sie offen aussprechen, was sie befürchten: „Lassen wir uns jetzt scheiden?" Diese Frage ihrer kleinen Tochter sei ihr als gewaltiger Schreck in die Glieder gefahren, erzählte mir eine junge Mutter.
Trotz der vielen Hinweise auf „Gewalt in der Familie" gibt es neben dem brutalen Sich-Durchsetzen in den meisten Familien auch noch andere Möglichkeiten, mit den Konflikten, die im Zusammenleben nun unvermeidlich auftreten, umzugehen.

Kinder sind eigenständige Wesen auf dem Weg in die Erwachsenenwelt – Eltern sollten sie nicht zu ihren jeweiligen Bundesgenossen im Streit mit dem Partner umfunktionieren.

Trotzdem sollten Eltern beim Streit vor den Kinder beachten, daß sie ihre Kinder in einen schweren Konflikt stürzen, wenn sie versuchen, im Streit mit dem Partner die Kleinen als Bundesgenossen oder deren Zuneigung als Drohmittel zu benutzen. Kinder neigen häufig dazu, sich im Konflikt zwischen den Eltern spontan mit dem Schwächeren zu solidarisieren, ihn, wenn er traurig ist, zu trösten.

Kinder halten zum schwächeren Elternteil – aus Mitleid

Das tut dem Erwachsenen gut, und unwillkürlich gerät er in die Gefahr, das Kind als Bundesgenossen in Anspruch zu nehmen und es gegen den anderen Elternteil zu beeinflussen. Dabei übersieht er aber leicht, daß die spontane Solidarisierung eher auf Mitleid mit dem Schwächeren als auf Liebe zur unterlegenen Mutter oder zum unterlegenen Vater beruht. Wenn das Kind im Streit der Erwachsenen Partei ergreift, dann eher gegen den, von dem es glaubt, daß er sich ins Unrecht gesetzt hat, als für den, der es erleidet. Es mag nicht, daß Unrecht geschieht, weil es auch nicht ungerecht behandelt sein will. Das hat mit der größeren Zuneigung zu dem einen oder anderen Elternteil wenig zu tun. Im Gegenteil, das kleine Mädchen muß sich vielleicht sogar innerlich überwinden, den geliebten Papa zu kritisieren oder ihm ins Gesicht zu sagen, daß er jetzt aber sehr böse ist. Spielt der Unterlegene in falscher Einschätzung der Beziehungen die Solidarisierung des Kindes gegen den Streitpartner aus, muß er unter Umständen erleben, daß dieses „die Front wechselt": „Ich will nicht, daß der Papa mit dir böse ist, aber du sollst auch nicht böse sein!"

Verzeihen und Vergeben

Ebenso fühlen sich Kinder mißbraucht, wenn sie bemerken, daß Eltern im Konflikt sich gegenseitig damit drohen, die Kinder hineinzuziehen: „Wenn ich das den Kindern sage!" oder „Wenn die Kinder wüßten!"
Derartige Äußerungen sollen den anderen zwingen, im Konflikt nachzugeben, um sein Prestige bei den Kindern und ihre Zuneigung nicht zu verlieren. Kinder können daraus aber den Schluß ziehen: Da ist etwas Schlimmes vorgefallen, was wir nicht wissen dürfen. Und der Vater oder die Mutter hat etwas getan, was man vor uns verheimlicht, weil wir ihn oder sie nicht mehr lieben würden, wenn wir es wüßten.

Wo Kinder Zeugen eines heftig ausgetragenen Konfliktes zwischen den Eltern wurden, ist es notwendig, daß sie nach dem Streit auch die Versöhnung erleben.

Einmal, um ihnen die Beunruhigung zu nehmen, die das ungewohnte und den Kindern fremde Verhalten der Eltern ausgelöst hat. Zum anderen, damit sie lernen, daß nach einem Konflikt nicht einfach alles wieder in Ordnung ist, sondern daß es auch die Verzeihung und das Vergeben braucht für das, was man in der Hitze der Auseinandersetzung einander angetan hat, daß man sich wieder verträgt.

Das gilt auch dann, wenn der Konflikt zwischen den Eltern zu deren Trennung führt. Nicht jedesmal, wenn Eltern streiten, steht am Ende eine verbesserte Beziehung. Manchmal erscheint es als einziger Ausweg, von nun an getrennte Wege zu gehen. Für die Kinder bedeutet das in den meisten Fällen ein länger sich auswirkendes Trauma, leicht steckt das kein Kind weg.

Die Entscheidung, bei wem das Kind leben will, bedeutet Parteinahme und hat Folgen.

Und in diesen Konflikt werden Kinder fast unvermeidbar einbezogen, geht es doch auch und vor allem um ihr Schicksal, entscheidet sich, bei welchem Elternteil sie zukünftig leben werden, wie sich die Beziehung zu dem Elternteil gestaltet, der auszieht. Und indem sie gefragt werden, bei wem sie denn leben wollen, werden sie unwillkürlich in die Parteilichkeit gezwungen.

Dabei kommt es oft vor, daß Kinder „vernünftig" sind und sich gegen ihre eigentliche Sympathie entscheiden: „Eigentlich möchte ich ja lieber beim Vater bleiben, aber der hat ja keine Zeit für mich, weil er arbeiten muß. Also gehe ich doch zur Mutter." Es wäre also ein Irrtum zu glauben, daß das Kind mit seiner Erklärung, wo es zukünftig leben will, in jedem Fall auch seine Sympathie geäußert hätte. Und es könnte sich für die Beziehung des Kindes zu dem Elternteil, bei dem es lebt, verhängnisvoll auswirken, wenn versucht würde, es dem weggegangenen Elternteil zu entfremden.

Auch wenn heute die meisten Ehen am Ende „einvernehmlich" geschieden werden, so bedeutet das nicht, daß im Vorfeld dieser „einvernehmlichen Regelung" nicht erbittert gekämpft, gestritten und manchmal auch genötigt würde. Und niemand wird behaupten wollen, daß bei diesen Kämpfen die Regeln des fairen Streitens stets beachtet würden. Die Kinder aber bekommen dies alles mit.

Feindschaft und Erbitterung beenden

Um so dringender ist es, daß die Erwachsenen sich bemühen, nach der Trennung ein möglichst unverbittertes Verhältnis zueinander zu finden, und nicht in Feindschaft und Ablehnung zu verharren. Dies liegt sowohl im eigenen Interesse – festsitzende Verbitterung kann das ganze zukünftige Leben ruinieren – als auch vor allem im Interesse der Kinder. Es ist unerträglich, wenn diese ein schlechtes Gewissen haben müssen, weil sie den weggegangenen Vater oder die anderswo lebende Mutter immer noch liebhaben, dies aber vor dem anderen Elternteil nicht zeigen dürfen.

Wo Gemeinsamkeit nicht mehr möglich ist, sollten trotzdem Versöhnung, gegenseitige Achtung und Fairneß möglich bleiben. Daß ein Unterlegenheitsgefühl, wie es das Kind meistens den Erwachsenen gegenüber hat, ebenfalls die Streitunfähigkeit – mindestens in der Auseinandersetzung in der Ein-Kind-Familie – verstärkt, davon war schon die Rede; ebenso davon, wie Kinder auf diese Situation reagieren. Hier fehlen dem Kind einfach die Bundesgenossen, die ihm beistehen, die es ermutigen und die eventuell auch intervenieren, um den Konflikt zu einem für den schwächeren Kontrahenten erträglichen Abschluß zu bringen.

Eltern sollten sich bemühen, ein erbitterungsfreies Verhältnis zueinander zu finden. Dies ist nicht nur für das Kind, sondern auch für sie selbst wichtig.

Wie man Konflikte löst

Fragt man Erwachsene, was denn eigentlich schlimmer sei, einen Konflikt zu haben, eine Auseinandersetzung oder einen Streit, erhält man oft die Antwort, daß der Streit das größte Übel sei. Als harmlos wird die Auseinandersetzung betrachtet, der Konflikt gilt sozusagen als halbschwerer Fall.

Abgesehen davon, daß sprachlich die Auseinandersetzung am weitesten geht – sie bedeutet nämlich: Ich setze mich nicht mehr zu dir, die Beziehung ist abgebrochen! –, kommen die wenigsten sofort darauf, daß die Frage an sich schon unsinnig ist, weil hier Verschiedenes miteinander verglichen wird.

Konflikte entstehen überall, wo Menschen miteinander zu tun haben. In jeder Gemeinschaft müssen Kompromisse gefunden werden zwischen den Bedürfnissen und Erwartungen des einzelnen und den Ansprüchen der anderen und der Gemeinschaft. Die Lösung dafür wird entweder autoritär verordnet oder im Gespräch miteinander vereinbart. Dieser Widerspruch zwischen den verschiedenen Bedürfnissen und die Notwendigkeit, eine Vereinbarung zu finden, mit der alle leben können, ist der Hintergrund der meisten Konflikte zwischen Personen.

Im Konflikt prallen die verschiedenen Bedürfnisse und Ansprüche aufeinander

Der Streit ist das Austragen dieses Konflikts. Es kommt also nicht darauf an, ob Konflikte und Streit sein dürfen, die Frage ist vielmehr, wie und nach welchen Methoden gestritten wird und wie die Lösung letztendlich aussieht.

In der Erziehung wurde das Problem in der Vergangenheit über den Gehorsam gelöst. Der Erzieher setzte die Regeln fest, die alle zu beachten hatten. Mißachtung der Regeln zog Strafe nach sich.

Diese Methode ist heute, mindestens in einer demokratischen Gesellschaft, überholt. Zum einen gibt es nicht mehr den mit voller Autorität ausgestatteten Erzieher, zum anderen ist die Gehorsamswaffe nicht mehr so wirksam, weil die meisten sich ab irgendeinem Zeitpunkt ihr entziehen können und sich ihr auch entziehen. Welchen Sinn soll es haben, ein Kind bis zur Entlassung aus der Schule aufgrund der faktischen Abhängigkeit in Gehorsam zu halten, wenn man genau weiß, daß es einige Zeit später für sich lebt, wo niemand es mehr kontrolliert und

Warum vom Kind bedingungslosen Gehorsam verlangen, wenn es nach der Schulzeit sein Leben eigenveratwortlich gestalten wird?

daher „Ungehorsam" auch nicht bestraft werden kann. Da ist nicht mehr Gehorsam und Unterwerfung gefragt, sondern eine Erziehung, die auf Einsicht und Verantwortung beruht und das Kind zur eigenständigen Entscheidung befähigt.

Nun ist aber gerade auf dem Gebiet der Konfliktbewältigung der Widerspruch zwischen den Folgen der alten autoritären Erziehung und den Konsequenzen der Entscheidungsfreiheit besonders spürbar.

Wo zwei Menschen die gleiche Art der Konfliktbewältigung kennengelernt haben und sie beherrschen, ist das Streiten nicht so schwierig, weil beide die geltenden Regeln kennen. Wo aber Menschen verschiedene Streitmodelle erlebten und sich aneigneten, dort gibt es Probleme, weil sie sich nach verschiedenen Regeln richten.

In der Bildungsarbeit mit Erwachsenen kann man heute vor allem zwei Streitmodelle beobachten, das „einvernehmliche" und das „Unterwerfungsmodell". Oft ohne sich dessen bewußt zu sein, verfolgen die Kontrahenten mit ihrer Art des Streitens unterschiedliche Ziele.

Einvernehmliches Streiten

Beim einvernehmlichen Streit geht es darum, die Beziehung zu verbessern. Man weiß, zwischen uns steht ein Konflikt, der unsere Beziehung belastet, an dem wir uns reiben.

Damit wir uns nicht aufreiben, uns gegenseitig verletzen und damit unser Verhältnis zueinander beschädigen, müssen wir ihn auf irgendeine Weise lösen.

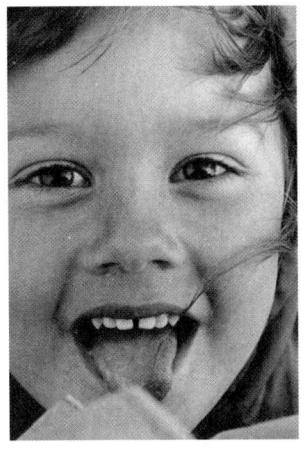

Kinder nehmen sich fest vor, später anders zu streiten, als ihre Eltern, in Wirklichkeit ahmen sie aber deren Streitmodell nach.

Dabei muß man natürlich auch unterscheiden, ob ein Konflikt überwiegend auf einer Sachebene liegt oder im emotionalen Bereich. Rein sachlich begründete Konflikte lassen sich auf sachliche Weise meist relativ leicht lösen. Nur sind sie sehr selten. Die Regel ist, daß beides, sachlicher Grund und persönliche Betroffenheit, sich miteinander verbinden und kaum zu trennen sind. Daß etwa die junge Mutter, die bei ihrem Kind zu Hause ist und oft unter Vereinsamungsängsten leidet, und eigentlich auch einsieht, daß ihr berufstätiger und an der Karriere bastelnder Mann sie öfter allein läßt und unter bestimmten Zwängen steht, ist eine Sache.

Aber das ändert nichts an der Tatsache, daß sie sich von ihm vernachlässigt fühlt, und das ist die andere Sache.

Und das Kind, dem die Lehrerin, vielleicht um es zu trösten, gesagt hat, daß es nicht unbedingt wichtig ist, was für tolle Noten
man hat, glaubt das gern. Aber wenn es einen Konflikt mit einem
sogenannten besseren Mitschüler austrägt und die Lehrerin sich
einmischt – um Frieden zu stiften – , keimt bei dem Kind sicher
der Verdacht, daß sie den anderen nur vor der Niederlage be-
wahrte, weil Lehrerinnen bessere Schüler lieber haben.

Drei Lösungsmöglichkeiten, die in den meisten Fällen greifen

Wenn es darum geht, einen Konflikt aufzuarbeiten, um die Beziehung wieder zu verbessern, dann gibt es drei Lösungsmöglichkeiten.

- Im besten Fall findet man die einvernehmliche Lösung, der
  beide Kontrahenten zustimmen können. Hier hilft manchmal der Satz weiter, daß es verschiedene mögliche Wege
  gibt und man sich nicht unnötig auf einen versteifen soll.
  Fehlende Flexibilität und Phantasie bei der Suche nach be-
  friedigenden Lösungsmöglichkeiten verhindern oft die positive Bewältigung einer schwierigen Situation. Daß es keine andere Lösung geben kann, sagt oft nicht mehr, als daß
  man sie noch nicht gesucht hat.

Wenn zwei sich streiten, die sich sehr nahe sind, sollte die Beziehung im Vordergrund stehen, nicht die Durchsetzung einseitiger Wünsche oder Pläne.

Trotzdem, die einvernehmliche Lösung wird relativ selten zu erreichen sein.

- Dann steht aber als zweite Möglichkeit der Kompromiß zur Verfügung, bei dem beide Kontrahenten einander entgegenkommen, zugeben und Abstriche machen. Das könnte im Fall der die Vereinsamung fürchtenden jungen Frau so aussehen, daß der Partner den Mut aufbringt, seinem Chef gelegentlich klarzumachen, daß seine Frau mit ihm rechnet, und daß sie akzeptiert, daß im Interesse des Existenzaufbaues ein gewisses Überengagement notwendig ist.

- Schließlich muß noch von einer dritten Möglichkeit gesprochen werden: daß man nämlich erkennt, daß der Konflikt gegenwärtig oder auf Dauer nicht zu lösen ist. Wenn einem die Beziehung wichtig ist, muß ein unauflöslicher Konflikt sie nicht vergiften, wenn man um diesen Konflikt weiß und richtig damit umgeht. So etwa wie das Ehepaar, das viele Jahre einen Dauerkonflikt hatte – sie waren überzeugte Anhänger verschiedener Parteien – und damit leben konnte, seit sie aufgehört hatten, sich gegenseitig zu bekehren.

Die Möglichkeit, mit einem unlösbaren Konflikt zu leben und sich dennoch zu verstehen und sich aufeinander zu verlassen, wird häufiger praktiziert, als daß darüber gesprochen wird.

Welche Lösung auch gefunden wird, die Einvernehmlichkeit, der Kompromiß oder das Leben mit dem ungelösten Konflikt, das Ergebnis ist in jedem Fall positiv.

Ganz anders sieht es bei der zweiten Art des Streitens aus, beim „Unterwerfungsmodell".

Hier steht nicht die Beziehung im Vordergrund, sondern das Beharren auf der eigenen Position. Es geht nicht um die bestmögliche Lösung, sondern um das Durchsetzen der eigenen Bedürfnisse oder Pläne, um den eigenen Willen. Ziel ist nicht Einvernehmlichkeit und nicht möglichst positive Gestaltung des Verhältnisses zueinander, sondern Unterwerfung des anderen. Diese Art des Streitens ist Krieg.

Jahrelanger Streit um ein und dasselbe Thema

Und Unterwerfung trägt den Keim des nächsten Streites bereits in sich. Denn der Unterlegene hat doch kaum begriffen, daß er die Partie für dieses Mal verloren hat, da fängt er doch schon an, die Rösser für die Retourkutsche einzuschirren. Wo Paare jahrelang – und zwar immer über die gleichen Themen – im Streit liegen, da darf man davon ausgehen, daß nach der kriegerischen Weise gekämpft wird.

Wenn zwei Sportler, die gegeneinander im Wettstreit liegen, nach unterschiedlichen Regeln spielen, kann es niemals zu einem erfreulichen Ergebnis kommen. So ähnlich verhält es sich auch beim Streiten, wenn man von verschiedenen „Modellen" ausgeht.

Ganz besonders schwierig wird es dort, wo der eine Kontrahent von einer einvernehmlichen Lösung träumt und der andere stur auf das Durchsetzen seiner Vorstellungen beharrt und sich nach dem Unterwerfungsmodell verhält. Wenn zwei Sportler nach verschiedenen Regeln spielen, ist das Ergebnis unerfreulich.

Aber Widersprüchlichkeiten gibt es nicht nur zwischen den Partnern, sondern auch in der eigenen Person. Da geloben sich Mann und Frau, daß sie, sollte es mal Konflikte geben, sich auf keinen Fall so verhalten wollen, wie es in den beiden Elternhäusern erlebt wurde. Dann kommt es zum Konflikt, und obwohl sie es anders vorhatten, verhalten sich beide so, wie sie es von zu Hause kennen – bis es ihnen bewußt wird und sie sich schämen.

Gerade hierin wird deutlich, wie wichtig vorbildliches Streitverhalten der Eltern für die Streitfähigkeit ihrer Kinder ist, und daß die Kinder von den Eltern lernen sollten, richtig und positive Lösungen suchend mit Konflikten umzugehen.

Richtiges Streiten setzt aber auch die Hochachtung vor dem Streitpartner und vor seiner Auffassung voraus. Respekt bedeutet ja nicht, daß man mit allem einverstanden sein muß.

Regeln für Eltern und Kinder

In diesem Zusammenhang muß von einer Reihe von Fehlern gesprochen werden, die man beim Streiten besonders „gern" begeht und die das Erreichen vernünftiger und gemeinsamer Lösungen erschweren, und zu denen man vor allem dann neigt, wenn die eigenen Kinder in Konflikte verstrickt sind. Um sie zu vermeiden, sollen ein paar Regeln für faires Streiten aufgestellt werden. Sie beziehen sich einmal auf das Verhalten von Erwachsenen beim Streit der Kinder, zum anderen auf den Streit von Erwachsenen, von dem die Kinder sich ihr Verhalten abgucken sollen.

Wenn die Kinder streiten

- Halte dich raus, wenn die Kinder streiten. Kinder sollten in ihrem Streit selbst bestimmen, was geschieht. Erwachsene sollten nur dann eingreifen, wenn ein größeres und überlegenes Kind den Kontrahenten überwältigt, wenn rohe Gewalt angewendet wird oder eines der Kinder verletzt werden könnte.
- Versuche nie, den „Schuldigen" zu finden, der angefangen hat. Feststellen läßt sich nämlich nur, wer als erster bestimmte Grenzen überschritt, zum Beispiel, wer zuschlug. Aber was vorher gelaufen ist, welche Provokationen es gegeben hat, was den Aggressionsausbruch auslöste, wird man kaum herausfinden. Daher muß man sich vor einseitiger Schuldzuweisung hüten, man könnte damit höchst ungerecht sein.
- Bleibe gerecht, auch wenn dein eigenes Kind angegriffen wird und du unwillkürlich dazu neigst, seine Partei zu ergreifen.
- Brich den Konflikt nicht ab und verzichte auf den Hinweis, daß Streiten nichts bringt. Meistens stimmt das zwar, aber das müssen Kinder selbst herausfinden. Deswegen darf man ihnen den Streit nicht ersparen.
- Weil es Meinungsverschiedenheiten gibt oder offenen Streit, wird niemand nach Hause geschickt oder geht von sich aus nach Hause. Zuerst muß die Sache geklärt werden. Zwar kann es sein, daß die Kinder am nächsten Tag

das Zerwürfnis von gestern vergessen haben und wieder unbefangen miteinander spielen. Aber sie könnten sich daran gewöhnen, Auseinandersetzungen auszuweichen.

- Wenn ein Kind ständig streitet und sich mit allen anderen anlegt, löst man das Problem nicht, indem man das Kind ausschließt und es isoliert. Mit diesem Kind ist irgend etwas nicht in Ordnung. Statt den Eltern wegen des Verhaltens ihres Kindes Vorwürfe zu machen, sollte man sie freundschaftlich ermutigen, dem Kind professionell helfen zu lassen.

- Ein im Streit unterlegenes und darüber enttäuschtes Kind darf man trösten. Aber man sollte den Kontrahenten nicht schlecht machen und das Kind nicht auf eine Revanche einstimmen: Beim nächsten Mal zeigst du es ihm aber!

- Auch nach einem Streit, über den die Kinder noch nicht hinweg sind, sollten die Erwachsenen darauf bestehen, daß sich beim Nachhausegehen die beiden Streithähne voneinander verabschieden. Das hilft, daß der Groll sich nicht festsetzt und sie bei der nächsten Begegnung wieder miteinander spielen können.

- Im Nachgespräch auf dem Heimweg oder zu Hause sollten nicht nur die Fehler des anderen Kindes beredet werden. Für das eigene Kind sind zwei Fragen wichtig: Wodurch habe ich den Streit ausgelöst oder mit ausgelöst? Und: Wo habe ich mich beim Streit falsch verhalten, oder wie hätte ich mich anders verhalten können?

Wenn Kinder Streitzeugen sind...

Wenn Kinder Streiten lernen sollen, müßten sie es sich bei den Eltern abschauen können. Dazu müßten die sich aber so verhalten, daß sie ein Modell positiven Streitens abgeben. Neben den vorne angesprochenen Fragen nach der grundsätzlichen Einstellung zum Streiten und zu „Einvernehmlichkeit" und „Unterwerfung" sind ein paar wichtige Grundregeln bedeutungsvoll.

- Suche, wo eben möglich, den richtigen Zeitpunkt für das Gespräch. Nicht jeder Augenblick ist gleich geeignet, und „sofort" ist meistens ungünstig. Die Wahl des falschen Zeit-

Der Streit ist der Ernstfall der Kommunikation. Wenn alle miteinander im Gespräch Fragen und Zuhören gewöhnt sind, ist für den Ernstfall sicherlich genügend Sprache vorhanden.

punkts kann aus einem sachlichen Gespräch einen hitzigen Streit werden lassen.

- Beachte deine Befindlichkeit und die des anderen. Wenn man „schlecht drauf" ist, möchte man am liebsten Ruhe haben, und deswegen streitet man meistens nicht gut.
- Bleibe sachlich, so schwer es dir auch fallen mag.
- Höre genau zu! Wenn du etwas – akustisch oder anders – nicht verstanden hast, frage zurück: „Meinst du das so...?"
- Lasse den anderen ausreden. Überlege nicht ständig, was du gegen Behauptungen und Bemerkungen einwenden, womit du sie widerlegen kannst. Du hörst dann nicht mehr, was er wirklich sagt. So entstehen Mißverständnisse, die die Lösung des Konfliktes nur erschweren.

Ein im Streit unterlegenes Kind, das darüber enttäuscht ist, darf man trösten. Aber man darf den Konkurrenten nicht schlecht machen. Wenn aber Gewalt angewendet wird – vor allem gegen kleinere Kinder –, muß der Erwachsene eingreifen.

- Bleibe beim Thema! Weiche nicht aus. Bringe nicht Dinge ins Spiel, die mit dem, was jetzt besprochen wird, nicht direkt zusammenhängen. Vermeide es vor allem, zurückliegende Konflikte wieder aufzuwärmen.
- Drück dich klar und verständlich aus. Sage, was du meinst, und glaube nicht, daß der andere deine Auffassung „eigentlich kennen muß".
- Beachte deine Gefühle und sprich sie aus. Wenn du dich z. B. verletzt oder gekränkt fühlst, so sage es und beantworte die Kränkung nicht mit gleicher Münze.
- Persönliche Angriffe, Kränkungen und der Gebrauch bestimmter, als wertend empfundener Reizworte, vor allem Vorwürfe im Hinblick auf den Charakter oder die Abkunft („Das hast du ja wohl von deinem Vater!") verhärten die Fronten und erschweren die Lösung des Konfliktes.
- Vermeide es, dem anderen ein schlechtes Gewissen zu machen, um ihn so zum Nachgeben zu veranlassen. Entweder wird er trotzig, und das macht alles schwerer, oder er gibt scheinbar nach, behält sich aber die Revanche vor.
- Überlege dir, woher deine Aggressionen und der Ärger kommen – und ob der andere die richtige Adresse ist, sie bei ihm abzuladen.

- Äußere deine Wünsche als Wünsche, nicht als Befehle oder in drohendem Ton. Mache die Erfüllung der Wünsche nicht zur Voraussetzung für das weitere Gespräch.
- Ultimaten führen entweder zum augenblicklichen Nachgeben oder zum Bruch, aber sie lösen den Konflikt nicht. Es besteht die Gefahr, daß er immer wieder aufflackert. Zu häufig eingesetzte Waffen werden stumpf.
- Vermeide den Trick, den eigenen (minimalen) Schuldanteil großzügig einzuräumen, um dem „Verstockten" seine Fehler um so kräftiger um die Ohren schlagen zu können.
- Suche die Gründe für den Konflikt nicht nur beim anderen. Siehe auch auf deine eigenen Anteile und gib sie ehrlich und ohne hinterlistige Absicht zu.
- Erkenne, daß Konflikte ihre Ursache meistens nicht in Bosheit und Niedertracht haben, sondern in der momentanen Unvereinbarkeit (legitimer) persönlicher Bedürfnisse und Wünsche.
- Bedenke, daß Verhalten und Handeln des Menschen nicht nur von seinem Willen und seinen Neigungen abhängen, daß sie auch von äußeren Einflüssen mitbestimmt werden, denen er sich nur schwer, manchmal gar nicht entziehen kann.
- Halte die Erklärungen des anderen nicht nur für „Ausflüchte" oder Ausreden. Heute gibt es z. B. für Männer und Frauen gleicherweise einen Loyalitätskonflikt zwischen den beruflichen und familiären Erwartungen und Ansprüchen. Konflikte in der Partnerschaft hängen häufig genug damit zusammen, können mithin auch nur gelöst werden, wenn man diese Situation berücksichtigt.
- Überlege, welche verschiedenen Lösungen für den Konflikt möglich sind. Erörtern Sie miteinander die Vor- und Nachteile und finden Sie die heraus, die Ihrer Situation am ehesten angemessen und für Sie beide realisierbar sind.
- Lassen Sie die Versöhnung nicht aus. Voraussetzung dafür ist die Bitte um Verzeihung für das, was man im Laufe der Auseinandersetzung einander zugefügt hat.

Wo Kinder Streitigkeiten der Eltern nach diesen Regeln erleben, und wo Eltern sie im Gespräch mit ihren Kindern auf deren Konflikte übertragen, dort wachsen die Voraussetzungen, die nötig sind, selbst faires Streiten zu praktizieren.

„Geschwister" organisieren?

Nicht alle Kinder, die als Einzelkinder aufwachsen, bleiben auch allein. Oft stellt sich nach mehreren Jahren, gewollt und geplant oder überraschend, doch noch Nachwuchs ein. Und dann hat die Familie am Ende zwei oder gar drei Kinder.

Eltern mit mehreren Kindern behaupten öfter, daß das dritte am umgänglichsten und am ausgeglichensten sei. Und sie erklären sich das damit, daß dieses Kind eben keine Anfänger und Lehrlinge als Eltern hatte. Bei den beiden ersten hätten Vater und Mutter gelernt, wie es geht, und das sei dem Dritten zustatten gekommen.

Daran ist sicher soviel richtig, daß man dem dritten Kind normalerweise schon mit größerer Gelassenheit begegnet und vieles nicht mehr so wichtig nimmt. Zum Beispiel, weil man gar nicht mehr die Zeit hat, alles so genau nach Vorschrift zu machen, weil man eher mal fünf gerade sein läßt.

Und weil man eben nicht mehr so sehr von Ängsten und Unsicherheiten geplagt ist wie beim ersten.

Aber das sind nicht die einzigen Gründe für die sprichwörtliche ausgeglichenere Wesenart dritter Kinder. Man sollte nämlich den Einfluß der beiden Geschwister nicht unterschlagen. Die sorgen unter anderem dafür, daß Vater und Mutter nicht die einzigen Erzieher bleiben. Sie nehmen die Sache selbst in die Hand. Von ihnen schaut der Kleine oder die Kleine ab, wie was geht, was geht und was nicht geht, und es beobachtet auch die Erfahrungen, die die größeren Kinder im Umgang mit den Eltern machen, und lernt deren Lehren mit.

Also müssen die Eltern viel weniger bestimmen. Ältere Geschwister haben vor allem drei Funktionen für das Kind. Es lernt sie kennen als Vorbilder, von denen man eine Menge ganz selbstverständlich lernen kann, und als Beistand, ob nun gegen Nachbars großen Hund, den etwas älteren Rowdy aus dem Nebenhaus oder auch gegen die übertriebene Fürsorge und Ängstlichkeit der Eltern und gegen ihre Übermacht im Konfliktfall. Aber nur zu oft lernt es die Geschwister auch kennen als Unterdrücker, als Machthaber und Despoten, gegen die man nur mit Hilfe der Erwachsenen bestehen kann.

Über Nacht wird das Kleine groß, wenn Nachwuchs kommt

Eltern, die zu bereits vorhandenen Kindern ein schon etwas größeres Adoptivkind aufnahmen, bestätigen, daß die Geschwister für die Integration des neuen Kindes in die Familie, ins familiennahe Umfeld und in die Freundeskreise in gewissem Sinne wichtiger waren als die Eltern. „Wir haben uns über keines unserer Kinder so viele Gedanken gemacht wie über dieses ursprünglich fremde, und wir haben bei keinem so wenig erzogen. Und was das Akzeptiertwerden angeht: Wenn ich ihn irgendwo eingeführt hätte, wäre er mein Sohn gewesen und für die anderen vielleicht geblieben, so aber war er der Bruder von Spielgefährten und damit automatisch in der Clique. Er gehörte dazu, dafür sorgten die Geschwister."

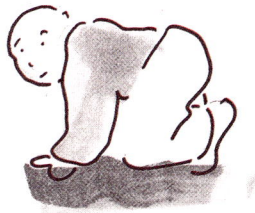

Die größeren Kinder dagegen erleben den Nachzügler nicht immer so positiv. Für das nun nicht mehr Jüngste ist der Abschied vom bisher unbestrittenen Stammplatz auf Mutters Schoß nicht so einfach. Es fühlt sich entthront und sieht möglicherweise in dem kleinen Bündel, um das sich jetzt so vieles dreht, eine ärgerliche Konkurrenz, einen „Verdränger".

Abschied von der „Prinzenrolle"

Diese Gefahr besteht mindestens dann, wenn die Eltern versäumen, das vorhandene Kind oder die Kinder auf den Nachwuchs vorzubereiten und sie in die Fürsorge für das Baby einzubeziehen. Der Mutter helfen zu dürfen und gelegentlich auf das Kleine aufzupassen, das macht verantwortlich. Und verantwortlich zu sein, macht groß. Und dieser Zuwachs an Vertrauen und Zutrauen, den das Kind dadurch erfährt, versüßt ihm den sonst so schweren Abschied von Mutters Schoß.

Allerdings machen diese Kinder auch die Erfahrung, daß Verantwortung gelegentlich auch drückt: Wenn man z. B. viel lieber mit einer gleichaltrigen Freundin spielen möchte und darauf achten muß, daß das Jüngste nichts Gefährliches anstellt. Daß hier vom ausgeglichenen dritten Kind die Rede ist, soll nicht heißen, daß erste oder zweite Kinder grundsätzlich schwie-

riger seien. Sie haben nur noch nicht so geübte und versierte Eltern und eben keine zwei miterziehenden Geschwister.
Und längst nicht alle Eltern können oder mögen ihrem Kind Geschwister bieten. Da gilt dann der Satz: Wenn ich meinen Kindern keine Geschwister schenken kann, dann muß ich sie ihm organisieren. Das heißt, ich muß ihnen die Erfahrungen, die sie nicht mit Geschwistern machen können, mit anderen Kindern ermöglichen. Und da andere Familien in der gleichen Situation sind, bietet es sich geradezu an, sich zu einem sozialen Übungsfeld für die Kinder zusammenzutun.

Alles steht und fällt mit dem Raum

Die erste Bedingung dafür ist die Bereitschaft zum offenen Haus. Mehrere Mütter oder auch Großmütter oder Haus-Väter treffen sich reihum mit den Kindern in den verschiedenen Wohnungen, wo sie die Kinder gemeinsam spielen (und streiten) lassen, wo sie sich untereinander austauschen und sich gegenseitig an ihren Erfahrungen und Ängsten teilnehmen lassen.
Diese Bereitschaft zum offenen Haus setzt natürlich voraus, daß dazu auch jeder die Möglichkeit hat. Leider ist es aber so, daß in manchen von vielen Parteien bewohnten Häusern Kinder nicht besonders geschätzt werden, sie werden „oft als störend empfunden, dieweil sie mit Geräusch verbunden..." Da hat denn so manche junge Mutter bereits Befürchtungen, wenn sich die eigenen Kinder einmal lebhaft bewegen, so daß sie sich nicht traut, darüber hinaus noch andere Mütter mit ihren Kindern zu sich einzuladen. Andere Familien leben viel zu beengt, als daß sie ihre Wohnung zum Spielen für mehrere Kinder öffnen möchten. Dem muß man Rechnung tragen, und in diesem Fall kann man nicht auf einem schematischen „Immer der Reihe nach" bestehen.

Aber auch das Angebot: „Machen wir es doch bei uns, wir haben den meisten Platz!" ist nicht unbedingt günstig. Natürlich ist es verlockend, das riesengroße Wohn- oder das fast ebenso große Kinderzimmer und den weitläufigen Garten zur Verfügung zu haben.
Aber abgesehen davon, daß weder beengt wohnende Eltern noch Kinder gegen leichte Neidanwandlungen unbedingt gefeit sind, ergeben sich fast zwangsläufig Komplikationen. Welche Stellung in der Gruppe haben die Dauer-Gastgeber? Und wann sind sie leid, ständig die Vorbereitungen und das Nachräumen zu erledigen?

Da ist es dann doch besser, daß sich mehrere regelmäßig die Gastgeber-Rolle teilen, auch wenn die eine oder andere Familie dabei nicht mithalten kann.
Sie hat dann vielleicht die Möglichkeit, sich mit der Vorbereitung eines Ausflugs oder einer gemeinsamen Wanderung zu revanchieren.

Einrichtung von Klein-Kind-Krabbelstuben

Eine Möglichkeit, Kinder schon früh mit anderen zusammenzubringen, besteht in sogenannten Klein-Kind-Krabbelstuben, und später dann in Spielgruppen für Kleinkinder.
Beides gibt es bereits an vielen Orten, und meistens entstanden sie aus Eigeninitiativen von Eltern, vor allem von jungen Müttern. Das Hauptproblem ist gewöhnlich, den dafür geeigneten Raum zu finden. Hier können Kirchengemeinden, Bürgermeister, Vereine oder sonstige Gruppen helfen. Da sich diese Eltern mit Kindern in der Regel in den Vormittagsstunden treffen und zu dieser Zeit sonst zu anderen Zwecken genutzte Räume frei sind, läßt sich meistens etwas finden.

Problematisch ist dann natürlich die Ausstattung. Dabei macht das geeignete Spielzeug das wenigste Kopfzerbrechen, das meiste findet sich in irgendeinem Familien-Fundus. Auch die Beschaffung des Mobiliars muß nicht zu schwierig sein. In einem Fall hat eine Gruppe junger Mütter es bei der Sperrmüll-Abfuhr gefunden, instandgesetzt und gereinigt (was die Gelegenheit bot, auch einmal die berufstätigen Väter zur praktischen Hilfeleistung zu engagieren). Die Frage ist, wo man es unterbringt, wenn mehrere Gruppen sich zu verschiedenen Zeiten einen Raum teilen und man nicht jedesmal völlig umräumen kann. Da ist es schon günstiger, einen eigenen Raum zu haben, den man abschließen kann, wenn man ihn nicht braucht.

Wenn Eltern eine Krabbelstube einrichten, fehlt es oft an der Ausstattung. Gelegentlich hilft hier die Sperrmüll-Sammelstelle. Die Instandsetzung und Reinigung der Möbel ist gleichzeitig eine gute Möglichkeit, auch Väter für die Krabbelstube zu „aktivieren" und sie in die Gruppe der „beaufsichtigenden" Mütter zu integrieren.

Manchmal haben auch Kindergärten derzeit nicht benötigte Gruppenräume zur Verfügung gestellt, was den Vorzug hat, daß die Kinder das Haus schon kennenlernen, in das sie später allein gehen sollen. Aber hier gibt es unter Umständen Probleme mit Vorschriften und Zweckbestimmungen. Man tut also gut daran, sich in dieser Hinsicht zu vergewissern.

Daß derartige Treffen, die Eltern für ihre Kinder organisieren, nicht nur den Kleinen guttun, drückte eine junge Mutter so aus:

„Mein Kleiner geht jetzt in den Kindergarten, und ich bin direkt traurig, daß ich nicht mehr zur Spielgruppe gehen kann. Der Kontakt zu den anderen Müttern fehlt mir. Erst jetzt merke ich, wie wichtig sie für mich war."

Auf Privatinitiative geht auch der sogenannte Kinderverleih zurück, den man in in neuen Wohngebieten in deutschen und schweizer Großstädten immer häufiger findet. Einige Familien einigen sich darauf, daß jeweils eine Familie mehrere Kinder für ein paar Stunden täglich bei sich betreut. Ursprünglich war der Gedanke, den mit den Kindern in der Wohnung eingesperrten Müttern öfter einmal eine Zeit für sich zu ermöglichen. Inzwischen hat sich herausgestellt, daß die anfängliche Skepsis der Frauen, ob denn die lieben Kleinen dabei wohl mitmachen würden, völlig unbegründet war. So manche hatte damit gerechnet, ihr Kind in Tränen aufgelöst vorzufinden und war geradezu enttäuscht, daß sie gar nicht vermißt worden war. Und seit sie wissen, daß der Kinderverleih ihrem Kind guttut, haben die Mütter das sie anfänglich plagende schlechte Gewissen verloren.

Die Diskussion um den Kindergarten hat in den letzten Jahren eine gewisse Schlagseite bekommen. Wenn davon gesprochen wird, daß jedem Kind ein Rechtsanspruch auf einen Kindergartenplatz zustehe, dann wird als Argument dafür hauptsächlich die Vereinbarkeit von Familie und Berufstätigkeit – insbesondere für Frauen – genannt. Dieser Gesichtspunkt ist wichtig. Aber die eigentliche Funktion des Kindergartens für das Kind liegt darin, daß er ihm das soziale Übungsfeld bietet, das es als Einzelkind oder Nachkömmling in der Familie nicht mehr ausreichend findet, einen Platz, wo selbstregulierter Umgang mit Gleichaltrigen durch Üben gelernt werden kann. Das bedeutet auch, daß dieser Platz im Kindergarten auch dem Kind zustehen muß, dessen Eltern nicht beide berufstätig sind. Das gleiche gilt für Kindertagesstätten und Horte.
Vor falschen Argumenten und das Kind benachteiligenden Entscheidungen wird gewarnt.

Register

Literatur

Ballhausen, Ingeborg: Will mein Kind mich ärgern? Südwest Verlag. München 1993
Brazelton, Berry: Mein Kind verstehen. Entwicklungsprobleme der ersten Lebensjahre. München 1992
Gordon, Thomas: Familienkonferenz in der Praxis. Wie Konflikte mit Kindern gelöst werden. München 1989
Gürtler, Helga: Kinder brauchen feste Regeln. Südwest Verlag. München 1993
Gürtler, Helga: Kleine Haken im Familienalltag. Südwest Verlag. München 1993
Zimmer, Katharina: Versteh doch bitte. Über die alltäglichen Mißverständnisse zwischen Kindern und Erwachsenen. München 1992

Adressen

Deutschland:
Beachten Sie bitte unseren Leserservice. Wir leiten Ihre Anfragen an die jeweiligen Autorinnen und Autoren weiter. Die Adressen niedergelassener Erziehungsberater/innen vermittelt Ihnen das örtliche Jugendamt. Fragen Sie auch bei Kinderärzten nach. Auch die Wohlfahrtsverbände geben Ihnen Auskunft (örtliches Telefonbuch: Caritas Verband, Diakonisches Werk, Arbeiterwohlfahrt, Deutscher Paritätischer Wohlfahrtsverband).
Selbsthilfegruppen gibt es fast an jedem Ort (siehe örtliches Telefonbuch). Wenn Sie eine zusätzliche Auskunft brauchen: Deutsche Arbeitsgemeinschaft Selbsthilfegruppen, Albrecht-Achilles-Straße 65, 10709 Berlin

Österreich:
Institut für Erziehungshilfe, Siebenbrunnenfeldgasse 7, A-1050 Wien
Familien-Intensivbetreuung des Amts für Jugend und Familie, Linke Wienzeile 182/10, A-1060 Wien
Beratungszentrum für Einzelne, Partner, Familien und Jugendliche, Am Schöpfwerk 29/14, A-1120 Wien
Telefonische Erziehungsauskunft des Amts für Jugend und Familie, Tel.: 0222/3109358 (Mo-Fr 8-11 Uhr)

Schweiz:
Pro Familia Schweiz Suisse Svizzera, Postfach 7572, CH-3001 Bern
Landesverband Schweizerischer Kinderfreunde-Organisationen, Sihlmatten 3, CH-8134 Adliswil
terre des hommes schweiz/suisse, Jungstraße 36, CH-4056 Basel
Schweizerischer Verband für erziehungsschwierige Kinder und Jugendliche, Schönbühlstraße 8, CH-8032 Zürich

Hinweis

Das vorliegende Buch ist sorgfältig erarbeitet worden. Dennoch erfolgen alle Angaben ohne Gewähr. Weder Autor noch Verlag können für eventuelle Nachteile oder Schäden, die aus den im Buch gemachten praktischen Hinweisen resultieren, eine Haftung übernehmen.

Bildnachweis

Bavaria: 2/3(Levin), 33 (Marcus), 36, 38, 44 (Nelson), 57, 62; Foto Anger: U4, 20, 23, 64, 67; IFA Bilderteam: 5 (Oertel),51 (Aberham) , 56 (Weststock), 72 (Nowotny); G.P.A.: 1, 31, 42, 60, 63 (Savain), 71; Heidorn: 9; LOOK: U1 (Müller); Paxmann: U1/klein, U4/klein 39, 52, 53; Rehm: 7, 11, 26, 55; Smollich: 32, 65, 66; Willem: 13, 30, 37, 43, 45; Zeidler: 14, 15, 19;

Impressum

© 1993 by Südwest Verlag GmbH & Co. KG, München
2., verbesserte Auflage 1994
Alle Rechte vorbehalten

Redaktion: Christel Hofmann
Umschlag und Layout: Christine Paxmann, München
DTP/Satz: Tabularasa, München
Druck: Karl Wenschow GmbH, München
Bindung; Conzella, Pfarrkirchen
Printed in Germany

Gedruckt auf chlor- und säurefreiem Papier

ISBN 3-517-01382-X